儒家文化之当代解读系列丛书

修己立人 儒家与教育

杨 名 / 著

向世陵 / 总主编

西南交通大学出版社
成都

图书在版编目（CIP）数据

修己立人：儒家与教育/杨名著. —成都：西南交通大学出版社，2018.10（2022.11 重印）

（儒家文化之当代解读系列丛书/向世陵总主编）

ISBN 978-7-5643-5836-5

Ⅰ. ①修… Ⅱ. ①杨… Ⅲ. ①儒家教育思想-研究-中国 Ⅳ. ①G40-092

中国版本图书馆 CIP 数据核字（2017）第 256964 号

儒家文化之当代解读系列丛书/向世陵总主编

修己立人：儒家与教育

Xiuji Liren: Rujia Yu Jiaoyu

杨名　著

出版人	阳　晓
责任编辑	张慧敏
封面设计	原创动力
出版发行	西南交通大学出版社
	（四川省成都市二环路北一段 111 号
	西南交通大学创新大厦 21 楼）
发行部电话	028-87600564　028-87600533
邮政编码	610031
网址	http://www.xnjdcbs.com
印刷	天津画中画印刷有限公司
成品尺寸	130 mm×185 mm
印张	4.5
字数	74 千
版次	2018 年 10 月第 1 版
印次	2022 年 11 月第 5 次
书号	ISBN 978-7-5643-5836-5
定价	23.00 元

图书如有印装质量问题　本社负责退换

版权所有　盗版必究　举报电话：028-87600562

总序

向世陵

中华优秀传统文化在今天是一个频度颇高的热词,然其"热"之内涵,不论作何概括,总不离作为传统文化主体的儒家文化。

儒家的文化系统,进入我们眼帘的,首先是世俗文化,但在同时,儒家文化也有自己超越性的一面,以满足人们的精神需要和理性的价值追求。从学术的发展说,自传统儒学到宋明新儒学——理学的兴起,重点就是解决传统儒学只注重于世俗层面而缺乏超越性的精神品位的问题。放入哲学的框架,这被归结为形而上的问题。但中国儒家所追求的形而上并不如同西方哲学那样,其形而上是在形而下的现象世界之后或之外,它存在于现象世界之中并与其融为一体而不可分离。同时,儒家文化及其哲学的特点,是坚信超越性的本体与世俗的现象世界都是真实无妄的存在,并与我们的生命一起年年月月日日被证实。就此而言，它也不同于由外入内而成为中国文化组成部分的佛教，后者是以真性与假象和合的真假合一观去看待世界的。道理并不奇怪，因为追根溯源，佛教也是来源于"西方"的信仰和思想。

儒家批判佛老，反对佛老的虚空本性观，阐明天地人生无处不是实气、实理的存在。作为儒家本体论哲学渊源的子贡所言"性与天道不可得而闻也"，正是披露了儒家理论相对于佛教思想之优长，即"不得闻"正是说明了儒家反对空谈心性，而主张从气化的真实世界、从人伦日用的社会现实中去体悟天理，强调的是心境、心迹的统一。儒家文化打造的形而上的精神世界，只能存在于形而下的生活世界之中。放眼今天的社会，"独尊儒术"的时代虽然早已离我们远去，但围绕在我们周围的乡土人情、风俗习惯、家庭生活、节庆礼俗、教化信仰等方方面面，都无不浸染和诉说着儒家文化传统的深刻影响。其中所贯穿的，是作为人类生活总的导向的真善美的价值，尤其是对真善的追求。

但社会的发展总有不尽如人意的方面，今天的中国，亦不乏不完美甚至丑恶的现象存在，一些人将原因归咎于缺乏信仰，又往往是特指缺乏超越性的宗教信仰。如此的诊断，并不符合中国社会的实情和民族的心理定位，也无助于认识在儒家文化浸染下中国人生活的多层面向。一般地说，有信仰好还是无信仰好不能一概而论，儒家文化在其创立者那里便是不信神力的，"子不语怪力乱神"（《论语·述而》）也。当然，儒家重视天，祭天在历朝历代都是国家的大事。然而，这种对天的敬畏，实质上是对外在于我的客观必然的尊重，但这并不意味拜倒在天的奴役之下。"神道设教"虽然也有市场，但这正好说明"神"并非超越性的权威，而是如同墨子"天志"那样是效力于人的工具，是为思想家或统治者的政策服务的。南北朝时期反佛的重要代表范缜，站在儒家的立场并吸收道家的方法，对佛教信仰者坚持的形神相分、形灭神存等观点进行了系统的批判，主张形神相即（不离）、形质神用。但在同时，范缜承认"神道设教"的必要，以为"所以从孝子之心，而厉渝薄之意"（《神灭论》）。有意思的是，反而是佛教信仰者不认同神道设教，而坚持鬼神的真实。在儒家学者对待神灵的态度中，唐代柳宗元有非常经典的表述，那就是"力足者取乎人，力不足者取乎神，所谓足，足乎道之谓也"（《非国语上·神降于莘》），神不过是人们在人生境遇不顺时的心理安慰罢了。柳宗元作为中唐儒学复兴运动的代表人物，明确提出了"文者以明道"（《答韦中立论师道书》）的重要思想主张，这与当年子贡言"性与天道不可得而闻也"正好相互发明，并成为后来周敦颐"文所以载道也"（《通书·文辞》）的经典语句的先行。可以说，在他们心中，儒家对天的信仰其实就是对道的尊崇。

因而，形式上是敬天祭神，实质上却是讲道说理，这在宋明理学家中有非常深入的阐发，譬如朱熹就认为理学是讲道理之学。天、道、理等固然属于超越性的概念，但又都不能离开内在性而独存。早年周公的敬天就已经向敬德转化，德性的价值被凸显出来。天之道成为人之德，"天生德于予"（《论语·述而》）也。人与天相合，正是与天地合其德。"德"虽内在，不"明"却不能得，"明"此明德根依于人对它的体验和认识。天人合一的图景依赖于天人有分的前提，"主宾之辨"同样是中国哲学的精神。人不是被动地"任天"而是主动地"相天"，天人的相合是以人积极主动的创造性活动为归宿的。

天人之间的相合在儒家又被披上了礼乐文明的特色。所谓"乐者敦和，率神而从天；礼者别宜，居鬼而从地。故圣人作乐以应天，制礼以配地。礼乐明备，天地官矣"（《礼记·乐记》），就是说，乐者敦睦和谐，调和其气，循（圣人）魂气而从天；礼者别物异处，裁制形体，循（贤人）魄体而从地，从此出发，乐感天地和礼制社会都属于必须，礼乐都显明完备，合力互动，天地人事就能各得其利了。就人事自身而论，在礼乐适宜地规范和熏陶下，人能够静心向善而不会随波逐流，从而有助于公序良俗的形成，并最终引向理想社会的愿景。在古人心中，圣人制礼作乐的目的，是调节民之好恶，在乡俗民情、家庭邻里、婚丧节庆等日常行为活动中引导他们归向人道之正途。礼乐皆得其所，便是"有德"。德既是礼乐文明的集中表现，"所以名为德者，得礼乐之称也"（《礼记正义·乐记》），也是儒家培养健全人格的基本内核。

从经典资源的层面说，被视为中国文化生命之源的《周易》，在其开天辟地的乾坤卦之后，进入视野的是屯卦和蒙卦，"屯"就是一棵刚出土的幼苗，"蒙"则表明了它非常稚嫩，对处于蒙昧状态的学子来说，蒙卦《象辞》有针对性地提出了"蒙以养正，圣功也"的告诫。北宋两位著名的理学家程颐和张载，于此不约而同地做出了自己的选择：

程颐选择了"蒙以养",的确,从蒙昧的孩童到进入成年,人都是在被养之中,这包括父母的抚养、师长的教养和社会国家的培养,由此而将幼苗———一代代的孩童养育成才。但人不能总是在被养之中,成才最终需要的是自我实现。自我实现不可能在真空中进行,人总是生活在善恶百行交杂和利益追逐的环境之中。人之初,未必性本善,很可能还是善恶混,故人心难免会产生不善的念头,相应地也就有了矫正和克服它的需要,以及为师者一方的传道、授业、解惑的职责。故与程颐不同,张载选择的是"蒙以正",强调纠正、端正、矫正人的不善的观念以变化气质,从而保证这些成长中的树木能够正直而不扭曲。但不论是"蒙以养""蒙以正"还是"养"与"正"的合一,目的都是培养圣贤,在今天就是指善的健全的人格,德行在这里具有当然的优先性。所以,蒙卦《象辞》释"蒙"之"象"是"君子以果行育德"——君子要以果决刚毅的行为去培养自己的德行。当然这不可能一蹴而就,而是一个从天道生生继续而来的自强不息的过程。

自强不息的道路,可能顺利,但更可能曲折。事实上,从人类告别猿类而开始自己的历史那天起,我们就在与不同的困难作斗争。但不论所遇是何种情况,张载都给我们提供了有益的教诲和恰当的对策:"富贵福泽,将厚吾之生也;贫贱忧戚,庸玉女于成也。"(《西铭》)一句话,不论眼前发生的可能是什么,我们都应该以一种坦然和开放的心态去迎接。

西南交通大学出版社目前推出的这套"儒家文化之当代解读系列丛书",与先前出版的同类型著作的区别，就在于它既植根于弘扬中华优秀传统文化的沃野，又能够直面当代儒家文化复兴所涉及的若干有兴趣的话题，并呈现为一个源源不断的序列，这本身就是儒家文化生生不息精神的生动再现。丛书的作者都是这些年中国人民大学毕业的学生，他们能够结合自己的人生和社会实践去推进自己的学术事业，其所撰写的文字，融进了他们在民俗风情和家庭社会生活等方面对儒家文化的经验积累，既不乏历史的底蕴和精彩的思想辨析，又显得十分生动有趣，能够贴近当代青年学生的阅读兴趣和习惯。虽然其中也有若干不足之处，但作品的的确确是在对儒家文化进行着符合时代需要的当代解读，应该会带来良好的社会效益和思想效益。

本丛书的出版，要感谢热心的西南交通大学出版社的编辑和为这套书努力奔走的杨名博士。看到学生的成长及其作品问世，为师者倍感欣慰。敷陈数语，写在"儒家文化之当代解读系列丛书"出版之际，聊以代序。

中国人民大学国学院
2018年6月28日

百年大计，教育为本。孔子当日设杏坛讲学，创立儒家学派。可否想到儒家之教会历经千年风雨，直至今日仍生生不息？

儒家起于教化，其教化又如何？请看《修己立人：儒家与教育》。

目 录

第一章 师生为友，教学相长

一、民办教师的情怀……………………… 6

二、走进书院成一统……………………… 15

第二章 子不教，父之过

一、蒙以养正……………………………… 26

二、家训与家书…………………………… 30

三、牝马德厚，行地无疆………………… 35

第三章 已欲立而立人

一、礼乐教化……………………………… 49

二、养老以教民…………………………… 52

三、造福一方的义塾⋯⋯⋯⋯⋯⋯⋯⋯⋯⋯⋯⋯⋯ 54

四、真理与前程的两难抉择⋯⋯⋯⋯⋯⋯⋯⋯⋯ 58

第四章　学而优何往？

一、举孝父别居，登科马蹄疾⋯⋯⋯⋯⋯⋯⋯⋯ 68

二、唐宋有诗词，八股方取士⋯⋯⋯⋯⋯⋯⋯⋯ 71

三、"奥数"、高考、四六级⋯⋯⋯⋯⋯⋯⋯⋯⋯ 76

四、"申论"⋯⋯⋯⋯⋯⋯⋯⋯⋯⋯⋯⋯⋯⋯⋯⋯ 80

五、"学而优则仕"与"子奚不为政？"⋯⋯⋯⋯ 81

第五章　壹是皆以修身为本

一、志存高远⋯⋯⋯⋯⋯⋯⋯⋯⋯⋯⋯⋯⋯⋯⋯ 90

二、持志养气⋯⋯⋯⋯⋯⋯⋯⋯⋯⋯⋯⋯⋯⋯⋯ 92

三、诚意慎独⋯⋯⋯⋯⋯⋯⋯⋯⋯⋯⋯⋯⋯⋯⋯ 99

四、择善固执⋯⋯⋯⋯⋯⋯⋯⋯⋯⋯⋯⋯⋯⋯⋯ 102

五、人皆可以为尧舜⋯⋯⋯⋯⋯⋯⋯⋯⋯⋯⋯⋯ 105

六、为己之学⋯⋯⋯⋯⋯⋯⋯⋯⋯⋯⋯⋯⋯⋯⋯ 109

第六章　四方千古之泽被

一、中体西用下的教育奇葩⋯⋯⋯⋯⋯⋯⋯⋯⋯ 112

二、东瀛儒风 …………………………………… 117

三、暴躁的美国大亨与他的中国仆人 …………… 120

四、"四海之内皆兄弟" …………………………… 124

结语　知我者《春秋》，罪我者《春秋》 … 126

后记 …………………………………………… 129

第一章 师生为友,教学相长

——师门教育乃儒家薪火之传承

引言

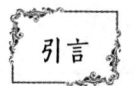

小专题 1

品味经典，成就日用
——夫子杏坛设教讲学

《庄子·渔父》载："孔子游乎缁帷之林，休坐乎杏坛之上。弟子读书，孔子弦歌鼓琴。"

杏坛，在今山东省曲阜市孔庙大成殿正南，相传为孔子设教讲学之处。杏坛经屡代修缮扩建，历代曷有学者认为"杏坛"史上未必实有，但其作为孔子收徒讲学、设教传道之地却成为古今共识。杏坛同时也成了教书授人之地的代名词，唐代诗人钱起诗云："更怜童子宜春服，花里寻师指杏坛。"即有此意。

小专题 2

品味经典，成就日用
——小子平日修习洒扫应对进退

《论语·子张》载："子游曰：'子夏之门人小子，当洒扫应对进退，则可矣。抑末也，本之则无。如之何？'子夏闻之，曰：'噫，言游过矣！君子之道，孰先传焉？孰后倦焉？譬诸草木，区以别矣。君子之道，焉可诬也？有始有卒者，其惟圣人乎！'"

小子，即学生、晚辈，或我们今天说的小男孩、小伙子。儒家主张年少学习就应当以洒水扫地、迎送客人、孝敬长上、与人交往为主，通过学习生活中的行为礼节，修养自身的道德品性，懂得如何做人，身体力行。只有先修习好这些，才能够明白教化之道，领会经典中的真谛。

《二十四孝》里的黄香幼年丧母，侍父极孝。他炎夏扇凉席子让父亲睡，寒冬则以身体暖被再让父亲休息。黄香后来任魏郡太守，魏郡遭水灾时，倾尽其所有赈济灾民，被誉为"天下无双，江夏黄香"。黄香"扇枕温衾"、赈济灾民，正是力行了孔子"弟子入则孝，出则悌，谨而信，泛爱众，而亲仁。行有余力，则以学文"的教诲。

小专题3

品味经典，成就日用
——学子入太学读经求仕

《大戴礼记·保傅》载："帝入太学，承师问道，退习而端于太傅，太傅罚其不则，而达其不及，则德智长而理道得矣。"

太学是中国古代培养人才、传授儒家经典的最高学府，自上古至夏、商、周三代，称呼与设立均有不同。汉武帝经董仲舒提议在京师设太学，为中央官学及最高学府，太学主管——祭酒，兼掌全国教育行政。太学于隋代改为国子监，国子监内仍设太学，直至清代。

与古代练习书写识字、音韵训诂的"小学"不同，太学内的"大学"以研究儒家经典义理为主。受"学而优则仕"观念的影响，学子们皆进入以"太学"为首的官方学校学习，以至仕途。儒家教育也就在历史长河中，经受着官与学、善与恶、追求真理与汲汲名利的漩涡击荡。

小专题4

品味经典，成就日用
——君子修己立人

《论语·宪问》载："子路问君子。子曰：'修己以敬。'曰：'如斯而已乎？'曰：'修己以安人。'曰：'如斯而已乎？'曰：'修己以安百姓。修己以安百姓，尧舜其犹病诸？'"

儒家有圣贤，道家有真人，然而终究世无完人。得道真人玄妙，大圣大贤难至，君子似低于神圣境界，却是现实生活中较完美、易至的理想人格，为各家各派所推崇，尤其是儒家。

何以成君子？须敬己身而不随意亵渎。不仅如此，尚须予亲人以至天下百姓恩惠，使之安宁。"修己以安百姓"，虽为圣人难为之事，却可看出儒家之君子亦能入圣贤之境。仁人君子，修己亦不可忘使他人安立于世。

西周建立，天子分封诸侯，受教育权为贵族子弟所享。周王室东迁，贵族阶级多已没落，大夫、士人也随之失位。

满腹牢骚的失位者们在感慨之中迸出新的思想火花，群雄纷争也需要人才辅助，失位者又有一次大机遇。为得到认可，他们讲学传道，广收门徒，原本秘藏于官府内的礼乐诗书也随之流入民间。于是，各学派百花齐放，百家争鸣，一发不可收拾，极大地推动了当时的平民教育。这时，出现了中华民族历史上第一位伟大的教育家——孔子。

一、民办教师的情怀

20世纪50年代，民办教师出现在我国中小学校。虽为"民办"，却为基层尤其是乡村学校教育做出了重要贡献，这不由得让人想起了孔子。

与西周官学比较，孔子兴办私学，施行教化，就是那个时代的民办教师。入学手续也极为简单，一块干肉即可。这倒不是因为孔子在基层教学，缺肉少油，而是孔子"有教无类"，招收学生并无门第之见。随着孔门私学兴起，儒家学派亦如是而兴。

孔门教学课程表上有"六艺"，教材则有"六经"，这些都与当时的政治、道德修养联系非常紧密。听起来孔子像是教思修课的，但这些知识在当时却是为人立世所不可少的。更重要的是，孔子灵活的教学方法融洽了师友气氛，大大增进了教学效果，随之也产生了许多孔门经典教学故事。

子夏曾向孔子请教《诗经》。子夏问："敢问夫子，《诗经》所言'巧笑倩兮，美目盼兮，素以为绚兮'究竟何意？""在素白的底本上方能描绘出美丽的图画。"孔子打了个通俗易懂的比方。"哦，"子夏若有所思，"那么实行文饰之礼应当以朴实的品质为基础吧？"孔子一听，大声地称赞："哎呀！卜商，你是能够启发我的人呀！我现在可以和你一起讨论《诗经》了。"

子路小孔子九岁，在孔子弟子中年龄较长。他忠于师教，但与孔子的正面顶撞也最多。有一次，孔子在卫国会见南子。子路对自己的老师竟然去见这么一个淫妇而不能忍受,大发脾气。孔子见状,无可奈何,只得连连对天发誓般地说:"如果我做了背离道德之事,就让老天来惩罚我吧!就让老天来惩罚我吧!"

佛肸曾召孔子前去任职,孔子正欲前往,子路冷冷地说:"我怎么以前好像听夫子说过,君子是不会在行不善之事的人那儿做事的。佛肸这个家伙在中牟叛乱,夫子跑到他那儿干什么?"孔子听了,正言道:"对,我是说过。不过,真正坚硬的东西受磨也不会薄损,真正清白的事物受染也不会变黑。我难道只是个葫芦吗?怎么能只挂在那儿不为人食用呢?"

孔子诲人不倦。即使子路多次顶撞,孔子依然指点子路何为真正的智慧;尽管认为子路勇武过人、善于治理军队,但孔子仍明言子路其他方面"无所取材",并厉声批评其"野哉"。

孔子把学生当作朋友,不摆师尊架子,既有教学相长,又有敬爱之情;既有善意嘲讽,又有直言批评。孔子对弟子们的教育更加增进了彼此的师生之谊。

颜渊崇拜其师,已达到"仰之弥高,钻之弥坚"的程度,孔子也因颜渊死而恸言"天丧予";伯牛染不治之疾,孔子"自牖执其手",心怀痛惜;子路因卫国之乱被剁死，孔子则即刻将食用的肉酱弃之。这举手投足，只言片语，点点滴滴，我们感受更多的，是师生如亲人、善友般的关系。

孔子施教，在于他对人的深刻了解。先天性格与后天环境，哪一个对人的成长更重要？孔子说："性相近也，习相远也。"每个人从天性来说并无多少差异，只是因为后天环境、所受习染不同，日积月累，形成很大差异。由此，孔子特别重视教育中的修身，包括交朋结友、居住环境的选择等等。

曾子有句名言："吾日三省吾身：为人谋而不忠乎？与朋友交而不信乎？传不习乎？"这也是说后天环境的影响更重要。

事实确实如此。一提起汪精卫，绝大部分中国人都会将之与卖国求荣的大汉奸相联系。汪兆镛虽为其胞兄，两人却志趣相异。兆镛为人刚直，疾恶如仇，平日最鄙薄其弟为人。当汪精卫在政坛上翻云覆雨时，他就多次对人说："精卫心术不端，他日不仅贻羞汪氏，且将为国家罪人。"每见汪精卫，兆镛就将其训斥一顿。汪精卫虽悻悻不乐，却也无可奈何。全面抗战初期，日方势力刚侵入广州，就想利用汪兆镛出面当广州维持会会长。一知此情，汪兆镛即刻连夜迁避澳门，宣称："汉贼不两立，我宁死不能为虎作伥!"此举与其弟形成鲜明对比。

汪兆镛与人谈话若偶及其弟,必作色大骂,以致家人竟不敢再当面提及。后来,汪兆镛终与其弟划清界限,断绝往来。汪氏兄弟处世为人有着天壤之别,为兄者高风亮节,为弟者遗臭万年,足见"性相近,习相远"之说不虚。

孔子这位民办教师,即使在周游列国时四处碰壁、屡遭不幸,甚至遇有生命危险,也不放弃自己的仁政理想,坚持操守,实时实地教育学生。史载孔子自叶返蔡后,居于陈、蔡之间。鲁哀公六年(公元前489年),吴国讨伐陈国,楚国前往援救,楚昭王听说孔子在陈、蔡之间,特派人前往聘请。

"孔子用于楚,则陈蔡用事大夫危矣。"(《史记·孔子世家》)楚王聘请孔子引起了陈、蔡大夫的恐慌,因为抨击时弊的孔子正刺中乱世诸侯、大夫们的要害,而楚国这样有实力的大国来聘用孔子,必将对他们不利。陈、蔡大夫开始阴谋算计,企图阻止。他们派遣徒役,在野外将孔子包围,孔子师徒一连七日不得解脱,以致绝粮断食,大多数人因此病倒,沮丧不已,孔子却依然讲诵经书,弦歌不止。子路见此情形,很不高兴地问孔子:"君子也会有穷困潦倒、不知所措的时候吗?"孔子淡然回答:"君子虽有这种处境,但却能坚持操守,小人就会因此而无所不为、自甘堕落了。"

孔子享年七十三岁，于而立之年授徒设教，五十四岁开始周游列国。在其一生的教学历程中，有半数是在周游列国时进行的。"发愤忘食，乐以忘忧，不知老之将至。"这是孔子作为第一位民办教师、一位伟大教育家形象的真实写照。尽管孔子对自己是否做到"默而识之，学而不厌，诲人不倦"表示疑问，但是这些他又何尝不曾做到呢？

孔子的私人授徒、自由讲学模式以及师友教育对后世影响深远，以孔子继承人而自居的孟、荀二位大儒皆招收弟子，又都任职于齐桓公创建的稷下学宫，与稷下学士们一同辩论、相互学习，成为当时学宫最为著名的学者，尤其是荀子，曾三次担任学宫之长——祭酒。稷下学宫虽为齐国官方所办，却由私家主持，学者们无论学术派别、思想观点、政治倾向，抑或是国别、年龄、资历，都可以自由发表学术见解，不会因自己的言论而承担任何政治责任。加之稷下学宫又具备培养人才的教育功能，并以游学为主要教学方式之一，这就使孟、荀二位大儒像孔子一样，虽周游列国而不为时君重用，其学说却对自己的弟子及后世产生了极大的影响，儒家教育因此得到了进一步发展。

孟子说，一个人在看到他人受害、遇难的情形时，都会有发自本能的内心震动，说明人天生就有怜悯、恻隐之心。除此之外，人还有羞耻感。这些都是善性、良心的萌芽。既然有了天生善的萌芽，每个人就会有成才、成为尧舜的可能。将这种可能转变为现实的关键，则在于自身心志的修养和后天的磨炼。

荀子恰恰相反，他认为人有本能的欲望，喜好利益、美食、声色，厌恶损失、苦难、疾病，从而会产生争夺、残贼、淫乱等行为。因此，人要想成为尧舜那样的圣人，必须经过不断地学习和教育，"不积跬步，无以至千里；不积小流，无以成江海"，靠后天的努力，通过一定的礼仪、规矩加以节制。总之，人还是必须通过后天的努力去达至圣人境地。

孔、孟、荀等儒家代表人物，在先秦自由讲学与私人授徒的教育过程中，开创并发展了儒家学说。作为民办教师，他们在教育方法和观点上虽然各有特点，但都主张内圣外王、仁义之说，不忘修身与道德，由此也给儒家教育的主调予以定格，影响至今。

梁漱溟于二十四岁受蔡元培聘请，前往北京大学任教达七年之久。梁漱溟承认，在北大任教的七年对自己人生道路的变化至关重要，常追怀之。但民国十三年（公元1924年）暑期，梁漱溟辞去了北大教职。何以如此？梁漱溟说是因为自己在教育问题上有了新的认识。而这种新认识，在当时的北大和其他学校无法实施。

梁漱溟离开北大后自己办学，主张办自己求友、自己造就自己的为己之学；主张办与青年为友，照顾青年的生活，帮着他们"走路"的仁爱教育；主张学校师生彼此扶持"走路"，互相取义、诚明两进，传承、发展师门教育。梁漱溟这些教育问题上的新认识，实为对儒家教育思想在现代的延续、发展。然而，梁漱溟看到当时的北大和其他学校教育做不到这些，于是毅然决然地离开，开始自行试办学校。

从梁漱溟的言行，我们能明显感受到他对青年教育的真诚之爱，对世人社会的忧虑、痛苦之情。

著名教育家、文学家夏丏尊在翻译《爱的教育》时说："教育之没有情感，没有爱，如同池塘没有水一样。没有水，就不成其池塘。没有爱，就没有教育。"

民办教师的情怀中，自古就有爱的传统。

小专题5

教育之声
——学习状态心理小测试

如果你可以养宠物，你会选择：

A. 狗和小孩　　B. 狗和马　　C. 狗和猪

D. 狗和小鸟　E. 小孩和马

答案：

A. 狗和小孩

安于现状的你，渴望超越自我，内心矛盾比较大。小小建议：内心的矛盾感会让你焦虑，所以如果想小有成就，一定要加油哦！

B. 狗和马

安于现状的你，在渴望更大的成功时，需要调整自己的内心，此时你的内心矛盾是很大的哦。小小建议：内心的矛盾会让你产生较大的焦虑，如果你渴望成功，你的理想和行动一定要一致！

C. 狗和猪

安于现状的你，渴望惬意的你，心态是温和的。小小建议：自己满意就好！但一定要知道自己想要的生活是什么。

D. 狗和小鸟

安于现状的你，渴望心灵自由的时候，你对此时的状态是矛盾的。小小建议：如果你既安于现状，又渴望心灵自由，逃避不是最好的方式哦，积极地解决你的问题才能处理你的内心矛盾。

E. 小孩和马

渴望超越自己，也渴望成功的你，更多地拥有激情和执着。小小建议：理想和行动的一致会取得好的成绩，只是需要给自己一些时间轻松一下哦！

二、走进书院成一统

儒家固然大仁大爱，却在"始皇帝"处遭遇烈焚残坑，直至历史的脚步又向前走了半个多世纪，方见到些许光明。然而毕竟久病，难以速愈，主张儒家教育的汉代政府，投入了大量的人力、财力去搜集民间残存资料，对儒家典籍加以重整、缮写和考证。一时间，全国上下兴起一股考据、注疏经学之风，成为两汉教育、学风的主流。汉代不仅国家教育比前代发达，地方教育、私人讲学的风气也尤盛一时，私立学校极为发达，正所谓"学校如林，庠序盈门"。这时，在地方已经有了书院教育的雏形。

无论"分久必合，合久必分"是演绎小说还是史学理论，随着东汉政府的日趋没落，中国经历了一个长久的纷乱混战时期。三足鼎立，连年战争，壮者战死，老幼逃亡，异族侵扰内犯，"戎马生于郊"。日渐迂腐的经学无法解决这些内忧外患，人们选择了以老、庄为主的道家学说，崇尚无关国家社会痛痒的"清谈"。这种高谈阔论、玄虚之谈越巧妙，反倒越能博得众人的赞扬与倾慕。

也许一说"清谈"，又会让人想起佛教。自东汉就传入中国的佛教，至南北朝时期更盛。上至皇朝，下至民间，皆喜佛法。当时的梁武帝萧衍，就曾多次舍身出家，是有名的"和尚皇帝"。原先以儒家经书教育为主的太学，也增加了研究佛老学说的"玄学"课程。但由于印刷术尚未发明，书籍制作仍用竹简绢帛，贵重且不易流传，故平民教育并不普遍。不过，佛、道二教兴起，民间大修寺庙、道观，其中积有大量藏书。庙观禅师、道长讲法论道，各方学子前往读书、论道，不啻为当时民间的修学场所。

纸香墨飞，辞赋满江，歌舞升平，梦回唐朝。文化高度繁荣的时代，新的教育组织——书院也应运而生。各地贤士大夫选择名胜，盖房筑屋，召集青年学子于其中，相与讲习。这自然不仅是单纯的教学之地，而且还是可以在内开展藏书、校书、修书、著书、刻书、读书等一系列文化活动的场所，虽为官学，但在民间。

文化在书院中积累，文化在书院中创新，文化在书院中得到传播。文化繁荣的唐代尤具包容的特点，使书院的发展更加海阔天空。从隋唐到两宋实行的科举制，也使书院建设大盛，风靡全国，名扬天下。尤其在宋代，经由政府褒扬、名师倡导，书院甚至驾于州、县等官学之上，恒常存之。

宋代书院类似于汉代经师的讲坛，属于私设。不同的是，规模更为宏大，且立有法制，经政府注册，书院的费用由国家供给，俨然公立高校的气派！书院有院田作常年经费，来书院听讲的学生由院内供给膳食，院田或由国家赐予，或由私人捐赠。至于那些私人自设而未经政府注册的书院，一切费用皆由学生自备。宋代书院办学灵活多样。

宋代在融合儒、释、道三教学说之后，产生了新儒学。宋代书院教材也以"九经"为主，旁及史书、诗文。书院内除了有完整严格的教规训导之外，还必须崇祀孔子。故每个书院皆塑有孔子及十哲肖像，甚至七十二贤图画以飨之。

小专题6

儒学小知识
——"九经"

"九经"是九部儒家经典的合称。隋炀帝规定，《三礼》（《周礼》《仪礼》《礼记》），《春秋》三传，《易》《书》《诗》为明经科考内容，此即"九经"。

唐显大气，宋有士风。宋代的新儒者们不同于汉唐，他们将注意力更多地放在讲求义理上，研究怎样才是一个人，如何做一个人，将嘴上的讲学和内心的体悟、身体的力行结合，而非前代儒者专攻训诂。张载著名的"横渠四句"，可谓对宋儒所发之宏愿、自觉其使命的最好概括，也是宋代教育家的最高目标。

小专题7

教育之声
——"横渠四句"

北宋关学创始人张载名言——"为天地立心，为生民立命，为往圣继绝学，为万世开太平"，被中国当代哲学家冯友兰称为"横渠四句"。"横渠四句"主要内涵：人为万物之灵，立于天地之间，当如天地生生不息而具备大公无私的仁爱之心；民为吾之同胞，吾当教化引导其修身养性，使之得以安身立命；孔、孟先儒圣学无人传续，吾当勇于继承弘扬；修身齐家，治国平天下，以致万世太平，方为永恒理想。"横渠四句"表达了张载的人生理想与追求境界，也指明了一个儒者的生命责任与价值追求，至今为世人传颂。

书院既然是私人讲学，形式较官学自由得多。尤其是师生教授、讨论，多用语录体，且全以通俗的文字来说明深人的哲理，即便粗识字义之人亦能看懂。但是，若无切实体验却又不能受用，无法成为真正内在于己的知识。好似先秦孔、孟自由讲学，知行合一，不固执经义、死守教条。

小专题8

成语典故
——程门立雪

"程门立雪"出自《宋史·道学传》："（时）一日见颐，颐偶瞑坐，时与游酢侍立不去。颐既觉，则门外雪深一尺矣。"程颐素来以严厉著称，学生对他多有敬畏。一天，弟子杨时、游酢欲见程颐，见其小憩于书桌前，不敢打扰，肃立于门前等待，即使下起鹅毛大雪亦不敢乱动。直到程颐醒来，方觉二人立于门外良久，此时地面积雪已达一尺。程颐嗔怪二人何不叫他醒来，于是忙请进屋。后因以"程门立雪"为尊师重道的典故。

人们已经看见了明代的那些事儿。自明代中叶以来，程朱理学在科举与官学一体化之下，蜕变成了从仕做官的敲门砖。官学已违背了儒家教育的主旨，民间书院再度繁荣起来。以王守仁、湛若水等大儒及其后学建设的书院为代表，无论是在招收学生，还是在教授方法上，都面向平民。明代书院走向平民化，书院讲学的新特点就是儒学诠释平民化。

徐爱，既是王守仁的妹夫又是其爱徒，一心想考科举做官。临近考试，王守仁见其状态紧张，便指点他要有良好的心态，不要总想结果、求得失，这样做不但没什么好处，反而会让自己分神、失去自信，有碍临场发挥。王守仁又针对当时科举考试只考文章写作的特点，强调审题的重要性。告诉徐爱先总览题意，明白考题要求与主旨，然后下笔顺畅，一气呵成。这样即使有小的差错，也不致偏题、跑题。王守仁还告诫徐爱，临考前一定要注意休息，保持良好状态。如果到考前还打疲劳战，肯定考不好。

儒学诠释平民化，为王门弟子和后学继承、发扬。王艮讲学以百姓为本，以合乎平民百姓日常生活之学为"圣道"。不论老幼贵贱、愚夫愚妇，凡愿学者，王艮皆教授之。驾着蒲车，在市井、山村随处讲学，启发愚蒙，是王艮的典型形象。王艮被称为"草根"儒学家，名副其实。

王艮的弟子韩贞，也继承了"草根"儒风。曾有农夫问韩贞讲的"良心"到底是什么玩意儿，韩贞说："这个问题，恐怕很难给你讲明白，要不你先试着脱掉你的衣服吧。"农夫便脱去外套，再脱掉内衣。当要脱内裤的时候，农夫红着脸说："哎呀，这实在是不能再脱了。"韩贞说："不能再脱，这就是良心。"

明代书院平民化教育，通俗易懂，浅显易行，很受民众欢迎，这无疑大大推动了以书院为主要传播形式的儒学走向繁荣。

小专题 9

文化广场
——草根儒学诗联选

养生活计细商量，切莫粗心错主张。
鱼不忍饥钩上死，鸟因贪食网中亡。
安贫颜子声名远，饿死夷齐姓字香。
去食去兵留信在，男儿到此立纲常。

——韩贞·《喻灾民》

孝顺父母好到老，孝顺父母神鬼保。
孝顺父母寿命长，孝顺父母穷也好。
父母贫穷莫怨嗟，儿孙命好自成家。
勤求不遂大家命，孝顺父母福禄加。

——颜钧·《孝顺父母》

仰观心字笑呵呵，下笔功夫不用多。

横画一勾还向上，傍书两点有偏颇。

做驴做马皆因此，成佛成仙也是他。

奉劝四方君子道，中间一点是弥陀。

——颜钧·《心字吟》

古今来许多好事无非积德

天地间第一品人还是读书

——平遥文庙静业乐群坊门联

圣贤岂是天生就

才智皆从苦学来

——卢善求·邹县孟府

有时间多去习字

没功夫少来磕头

——赵元主·麟游老县城文庙

书院的出现是中国古代教育由官方、贵族阶层流向下层百姓的结果，孔子发起的平民教育在书院得到了继承和发扬。先秦儒学在历史上虽遭焚烧、战乱，与他教相争持，屡经蹂躏破坏，但终立于民族精神之首。特别是自唐伊始，历经宋明，民间书院、"草根"儒者对儒学的推广力度更大。

这一时期，每个学派的开山祖师和集大成者基本都有自己的书院，书院中师传生受、师生讨论，无不有教学相长之功。王守仁就认为自己有不及弟子之处："徐生之温恭，蔡生之沉潜，朱生之明敏，皆我所不逮。"

儒家各派弟子、后学虽各因其得而有所流变，但莫不以本门为宗，以儒学为宗。"二程"门下高徒杨时，福建人，世称"龟山先生"。当其学成返乡时，程颢一言相赠："吾道南矣。"后来杨时果然成为闽学开创者。闽学再经两代传承，到了朱熹而集大成。朱熹又是"二程"学说发扬光大之人，其学说与"二程"的学说后形成流传千古的"程朱理学"。

儒学就是这样，从孔子开始就有师门的传承，在师门教育中延续。书院加大了这种传承的力度。

第二章 子不教，父之过

——家庭教育乃儒家德性之发端

"人之初,性本善;性相近,习相远;苟不教,性乃迁;……"《三字经》中的教训说明了每个人都有善良的一面,但需要从小维护培育,否则就会由善变恶。

齐家,是迈向儒家教育目标的重要一环。"养不教,父之过"是批评家长没有尽到教育子女的责任,《弟子规》的"德有伤,贻亲羞"则是说一个人做了有损道德的事,会使其父母双亲蒙羞,表明道德评价与其父母教养联系紧密,这些都是儒家的教育思想。民间有句谚语:"龙生龙,凤生凤,老鼠生儿会打洞;猫生猫,狗生狗,小偷的儿子三只手。"古代道德教育以"家教"为中心,家庭联结着个人与整个国家、天下。一个人的成长受父母、家庭影响最为重要,甚至到了父母是什么样,儿女也是如此的地步。一个人出生于何种家庭,所受家庭教育如何,是指引他天性继续展开的起点。"不要让孩子输在起跑线上",儒家教育如何起这一步呢?

一、蒙以养正

《易经》六十四卦中第四卦为蒙卦,其中讲了如何对幼儿进行启蒙教育。"蒙以养正，圣功也。"对处于蒙昧状态的幼童通过培养教育，使其具有纯正无邪的品质、正确的认识和行为，就达到了儒家教育的"圣功"。自周代开始，就有了小学教育，儿童八岁即可进小学。至于小学之前的幼儿教育，则未专设机构，一般在学校之外或家庭进行。当然，在那时能够享受到幼稚启蒙教育的，都是贵族子弟。

童蒙如何养正？这要从女子怀胎说起。

女子妊娠期间，睡姿不能偏斜，坐要中正，站不独倚。不吃怪味或腐坏的食物，甚至连切割不正的食物都不能吃。坐具不正不坐，迷乱、刺眼的颜色和景物不看，放荡、扰乱心绪的靡靡之音不听。每晚听乐官朗诵诗词，讲授有关道德规范的端正之事。只有这样，生下的孩子才会形貌端正，才德过人。这些要求似太过苛刻，但女子妊娠期的这些修养，就是今天我们说的"胎教"。

大姒是著名的"周室三母"之一，西周文王之妻。大姒被文王迎娶之后，思慕文王祖母大姜、母亲大任的贤德，以之为榜样，旦夕勤劳，以进妇道，为周王室生下长子伯邑考、次子武王姬发、周公姬旦等十个儿子。大姒所生十子中，多为大圣大德之人，巩固了周王朝的实力，使之后继有人。这与大姒身为人母、仁明有德是分不开的。

周成王的母亲在怀他的时候,非常注意言行举止,站着不踮脚,坐着不斜身,有怒而不责骂,即使在单身独处时也不会随随便便张着双腿。

"天人合一"是中华传统文化的核心精神之一。儒家也认为,人生来即与天地万物类似,母体对外物的感应,会影响到胎儿的形成。这些感应,主要是外界形体、声音、颜色等。因此,儒家教育的"蒙以养正"从胎教开始,就要求女子在妊娠期间要注意环境,谨慎言行。

既然胎教如此重要,那我们就可以说,教育与其从娃娃抓起,倒不如先从父母抓起,从"蒙以养正"抓起。

从幼儿出生到入小学之前,儒家启蒙教育基本在家庭进行,父母要随着子女年龄的增长施之以教。所教内容为日常生活的一切常识,重在动作练习,什么拿筷子、叫"爸""妈"、戴荷包、擦鼻涕等等。

小孩六岁时,父母就要教其数数、识物、礼义、历法;到了十岁,就寄宿在校学习,开始正式的文字教育;十三岁时,才正式进入小学学习,诵《诗经》,学上古舞、乐、射箭、骑马等文武科目,直至二十岁行"冠礼"。可见,在幼儿"养正"的过程中,父母是最关键的。

不过,女子从小受到的家庭教育与男儿尚有区别。女子出嫁前都在家学习家事,不像男子十岁即可在外开始系统的学习。女子的伦理道德教育核心为"三从四德"。女子出嫁前在家中受到的教育以父母"闺训"为重心，出嫁之后则主要由婆婆负责指导、调教生养子女、料理家务。在古代社会，儒家对女子的教育皆以培养贤妻良母为宗旨。

小专题 10

儒学小知识
——"三从四德"

三从四德，是儒家礼教为适应父权制家庭利益，维护社会稳定，而制定的妇女道德规范。"三从"出自《仪礼·丧服·子夏传》，包括在家从父，出嫁从夫，夫死从子。"四德"出自《周礼·天官·内宰》，包括妇德——守贞洁、正己身；妇言——领会人言、语出适当；妇容——端庄、稳重、有礼节；妇功——相夫教子、勤俭持家。这些规范产生于特定的时代，以"阳尊阴卑""内外有别"为核心观念，在古代社会维护家庭的稳定以及妇女伦理道德教育方面起到了积极作用。

难以否认，中国古代的才女也不乏其人，如崔篆之母师氏、邓禹孙女邓绥、梁商之女梁妠、蔡邕之女蔡琰等等。她们晓史书，通经典，妙于音律，擅长诗画，博学而有辩才。她们之所以能有"才女"之称，除了儒学的昌盛，也与其出生的家庭环境有很大关系。

二、家训与家书

随着教育向民间下移，蒙学也逐渐发展起来，有了专门的蒙学教材，如《弟子规》《三字经》《百家姓》《千字文》《幼学琼林》等，都是我国主要的传统蒙学教材。

蒙学教材主要涉及音律文字、伦理规范、日常事务，结合幼儿年龄与心理特点，以诗歌韵文、历史故事等为主要形式，读着朗朗上口，便于记忆，大大增强了幼儿学习的兴趣，也达到了学以致用的目的。

与此同时，蒙学教材的另一种形式——家训——出现了。以家训或家书的形式教育子女，是中国古代家庭教育的特有景观。家训内容主要涉及个人行为举止、交友治家，以及对行为规范的提倡与禁止等。其主旨为推崇忠孝节义、教导礼义廉耻，是儒家教育的重要组成部分。

中国古代社会是以家族为基本单位的农业社会，有家才有国，"家齐而后国治"。有家庭教育，儒家教育才得以继续。维持一个家庭的秩序有家法，维持一个家族的秩序则有宗法。家训，就是对子孙立身处世、持家治业的教诲。

家训在中国古代教育中极为普遍，上及帝王，下至庶民。能为子孙后代留下家训的人，必然是针对时弊，对如何修身、齐家、治国有所思虑作为的贤德之人，这样的人即便未曾读过书，也并不妨碍其尽德行善。

从汉代开始，家谱中记录了许多治家教子的名言警句，为世人所推崇，成为"修身""齐家"的典范、良策，家训著作也随之变得丰富多彩。其中最为人称道的如《颜氏家训》《朱子家训》《曾国藩家书》等，至今仍脍炙人口，广为流传。这些训诫子孙、心怀家国之人，看的是眼前，想的是将来，会因目见耳闻而忧虑世人。所以，家训的内容虽然以伦理道德规范为主，但也会因个人的性格、具体的处境不同而有所侧重与变化。

西汉辞赋家东方朔晚年作的《诫子书》中，就教诲其子要以中庸之道为人处世。人生如戏，当随时变化、与道相从，灵活以待而不固守常态。

有一次，汉武帝在三伏天赐肉给百官。众官来了，奉诏分肉的官员却迟迟不到。东方朔就拔出剑，割下一块肉，然后对大家说："三伏天肉容易坏，你们赶快割肉回去吧。"说完自己先拿着肉走了。第二天，武帝问东方朔为何擅自割肉，让他检讨自责。东方朔拜过武帝，即刻吟唱：

东方朔，东方朔，为何这么做？

不待诏受赐,实在太无礼。

割肉挥佩剑,实在太壮观!

只割一点点,又如此廉俭。

拿肉给妻儿,堪称真模范!

东方朔这一曲,听得汉武帝哈哈大笑说:"朕让你做检讨,你反倒表扬起自己来了!"说完,又赐给他一些酒肉拿回去了。

自古伴君如伴虎,汉武帝好大喜功,奢侈重敛,迷惑于仙术、神怪之说。小人乘机阿谀迎合、以图私利、对忠节义士加以陷害皆在所难免。东方朔才能出众,政治眼光长远,常在朝堂上向汉武帝铮铮直谏,戏弄当权奸臣。汉武帝虽觉得很没面子,却总又被东方朔的机敏逗得哈哈大笑,转怒为喜。东方朔虽始终被汉武帝视为表演滑稽杂耍的小丑,未得重用,然而能屡谏成功,不能不说是他处世智慧之所在。东方朔既然自称避世于朝廷的"大隐",留下那样的诫子家训也就不奇怪了。

东汉开国功臣、伏波将军马援,留给子孙的家训语气甚为严厉,风格又有不同。马援在出征途中作《诫兄子马严马敦书》,警戒侄儿们禁止议论他人是非短长,甚至有"宁死不愿闻子孙有此行也"的训诫。比起东方朔"明道处世,莫尚于中,优哉游哉,与道相从"的训言,马援的家训则更有一股坚贞忠烈的气概。

马将军之所以有此家训，必然与其身负东汉开国重任，常年东征西讨、南征北战的戎马生涯有密切关系。

班昭为女，故有"男以强为贵，女以弱为美"之《女诫》，强调女子一心事夫，不可再嫁，应当与小叔、小姨等和睦相处。陶渊明虽去职归隐，仍训其子"当思四海皆兄弟之义"；唐太宗李世民作《帝范》十二条，明言其为"帝王之大纲"，警诫太子李治天子之位难得而易失，国家基业成迟而败速；南宋文学家叶梦得作《石林家训》，开首即言"且起须先读书三五卷，正其用心处，然后可及他事"。

林则徐在给儿子的家书中，除了道德教训，必谈文字读书学习之事，看毕长子汝舟来信，教训其字迹潦草；据次子聪彝寄来的诗文，指教其文笔枯涩，当多阅读文章、史书，并告其读书之法。三子拱枢喜好作画，然而"文笔稚气"，难成全篇，林则徐在家书中则教诲其当先渊博见识、擅长诗词，方能成为名家，否则"心中茅塞未开，所画必多俗气，只能充作画匠耳"。

清代军政大臣、洋务派首领张之洞在《致儿子书》中则以国家正处于用武之秋，告诫其子勿忘自立自强，务必勇猛刚毅，"养成一军人资格"。资产阶级民主革命家邹容，对舅舅天理命运、盛衰循环的守旧观点不予苟同，在家书中以孔子、谭嗣同等人为例，认为关注世道治乱、国家安危为圣人之道。此封家书虽为邹容写与父母，然其中杀身成仁的警训，及其后来亲力亲为、奋起革命的事迹，却流传后世，足以启迪来者。

小专题 11

教育之声
——"师法"与"家法"

师法与家法产生于汉代。由于古籍残毁脱落，汉初儒家经学皆口耳相授。数传之后，句读义训互有歧异，乃分为各家。每一家学各有弟子相传相守，虽历年久远亦不紊乱，此即"家法"。一家之中，师徒相传虽有演变，各门弟子直接领受于师学亦略有出入，但仍谨守不失师之所传，此即"师法"。清代经学家皮锡瑞说："汉人最重师法，师之所传，弟之所受，一字毋敢出入。"

师法与家法相互联系，但家法对一家弟子影响更重。清代经学家王鸣盛说："汉人重师法如此。又称家法，谓其一家之法，即师法也。"同一家弟子在师法上虽小有出入，但必须严遵家法，遵守者被视为正学，紊乱者则被视为异教。至唐代，家法已基本消亡。

作家训、家书之人因其性格特点和具体处境各异，留给子孙不同教训。但他们受儒家主流观念影响，教诲子孙如何做人、处世，如何尽孝悌、学诗文，如何泛爱众、行礼义，却殊途同归，没有实质差别。

望子成龙，望女成凤，是每个父母对儿女共有的期待。以家训教诲子孙，是儒家教育实施于家庭的表现。实施者首先是谁？——合格的父母。

三、牝马德厚，行地无疆
——伟大的母亲

中国有句古话叫"男主外，女主内"，这种家庭男女分工来源于天地阴阳观念。天在上，为阳；地在下，为阴。天地阴阳相合生成万物，男为阳，女为阴，男女相合使人类代代相传。《易经》六十四卦中的第三十七卦家人卦，专讲治家之道，认为男主外、女主内方为正，合乎天地大义。

这种思想在当今会受到很多质疑和批评，特别是遭到"铁娘子"们的不屑。她们会很不以为然地看着一个男人说："凭什么你们能出去创业、在外打拼，就一定要让女人成天窝在家里，一日做三餐，洗锅又洗碗？变成个带小孩、做家务的黄脸婆！"这样的批评无疑会使儒家的家庭教育受到影响，以至整个儒家教育在现代社会处于非常尴尬的境地。儒家教育该怎么办呢？

小专题 12

文化广场
——女权主义

女权主义（Feminism）一词最早出现在法国，意味着妇女解放，后传到英美，逐渐流行起来，五四运动时传到中国。

女权主义从译文理解，是主要以女性经验为来源与动机的社会理论与政治运动。在西方，最初是指追求男女平等，首先是争取选举权。20世纪20至30年代，西方国家的妇女，基本上都争取到平等的政治权利，但在社会生活与人们的观念中，仍与男子不平等。女权主义者开始认识到，这其中有性别关系、性别权力的问题，于是女权运动开始深入分析男女为何不平等，强调性别分析，更容易为人接受的"女性主义"概念出现了。女性主义是理论与实践的结合，是一种男女平等的信念和意识形态，旨在反对包括性别歧视在内的一切不平等。

其实，我们误解了"男主外，女主内"的真精神。它并不是对女性的一种歧视或贬低，而是在强调家庭关系中男女作为夫妇、父母的角色所起的不同作用。"女正位乎内，男正位乎外"讲的是家庭内的男女关系、夫妇关系，"男主外，女主内"的真精神体现在家庭中，"女主内"体现出的正是母亲的伟大与德厚无疆。若是家庭都没了，又何来家庭教育呢？

小专题 13

经典补给站
——《周易·坤·象》

坤卦《象》曰："至哉坤元！万物资生，乃顺承天，坤厚载物，德合无疆。含弘光大，品物咸亨，牝马地类，行地无疆。柔顺利贞，君子攸行，先迷失道，后顺得常。"

译文：万物依赖大地而生长，生生万物之首功与天同齐却又顺从承载着天，这样的德性至大无边！大地厚实，承载万物；德性长久，永无停息；包容博厚，显赫盛大。大地如雌马，既柔顺，又在无疆的旷野奔驰不停。君子之行，坤德柔顺，和谐守正，此乃君子之行。若抢先则过于阳刚而失正，为谦处后方能长久。

梁凤仪，香港著名财经作家、企业家，自称有家庭主妇、商人和作家三重身份。她曾明言"我不愿意男女之间平等"，而在家庭关系中，梁凤仪则说："在家庭婚姻生活上，男女一定要平等，女人经济不仅要独立，更要从精神上不依赖丈夫，这样的婚姻才幸福长久。"

作为丈夫应当外出渔猎农耕，这是因为男子力气大！尽管有花木兰、孙二娘那样的巾帼不让须眉者，但毕竟屈指可数。作为妻子打理家务、照顾孩子，这是因为从怀孕到哺乳，除了妈妈没人能代替！这就是古代农业社会最基本的"男主外，女主内"。

今天有人会借助现代发达的医学技术和营养学技术解决生育、哺乳问题，但这无法做到儒家家庭教育的第一步——"蒙以养正"，其观念与儒家文化的伦理观也是有出处的。

小专题 14

文化广场
——丁克一族

丁克，英文Double Income No Kids四个单词首字母组合成"DINK"。丁克即"DINK"的谐音，直译为"双收入而没有孩子"。丁克一族，即双职业或收入，能生但选择不生育，并且主观上认可自己是丁克的夫妇或家庭。

丁克族常见于发达国家和发展中国家的发达城市，夫妻双方的文化程度较高，收入水平较高，且热衷旅游。丁克家庭的产生，主要有生理、心理及社会生活压力、自我价值实现、夫妻感情、个人喜恶等方面原因，其中的利弊会随着夫妻双方的年龄、境遇变化而有明显不同，是当代社会变迁在家庭的缩影。

孟子曰："不孝有三，无后为大。"丁克族的观念与以儒家文化为代表的中国传统伦理观发生着冲突。

乾卦象征天，为纯阳之卦，有"天行健，君子以自强不息"之语；坤卦象征地，为纯阴之卦，有"地势坤，君子以厚德载物"的话。乾卦被喻为龙，龙飞于天，无象无形；坤卦被喻为马，马奔行在地，无穷无尽。天地阴阳相合，运转不息，"然后万物生焉"，人的生命传续也是如此。

"男主外，女主内"的真精神，说到底就是阴阳相合，不是彼此相分。"男主外，女主内"是夫妇之道，治家之道，是家庭教育的前提，而不是什么性别歧视。

中国古代有很多女性，虽然生活在阳尊阴卑的礼束之下，但这并没有妨碍她们成为行地无疆的厚德之马，成为伟大的母亲。

孔子生母颜徵在，年未满二十就嫁给叔梁纥为妾。叔梁纥当时已六十六岁，因其年龄过大，二人的结合被称为不合礼仪的"野合"。叔梁纥的妻子施氏生了九个女儿，另有一妾也只生了个跛脚儿子孟皮。古人立子为嗣，孔子的出生必然遭到心术不正的施氏嫉妒。孟皮之母在叔梁纥去世前一年已被施氏虐待而死，三岁便失去父亲的孔子，与母亲颜徵在就更为施氏所不容。于是，颜徵在不得不带着孔子与孟皮移居曲阜阙里。

孔子出生在没落的贵族家庭，自称"吾少也贱，故多能鄙事"。母子俩虽然过着孤儿寡母的生活，有诸多艰难，但颜氏仍然坚强地面对现实，对未来充满希望。她从未放弃对儿子的教养，要求孔子努力学习各种礼仪文献和知识技能，以便将来能重返贵族行列。

孔子幼时玩摆家家的游戏，都是与礼仪有关的"陈俎豆，设礼容"。他用泥土捏成祭器式的小炉，插上草棒，放好以后练习磕头、揖让等礼仪。孔子不仅懂礼乐，而且擅长射箭、骑乘，这与母亲对他从小就进行严格、认真的教育指引是分不开的。

孟子的母亲堪称母仪。孟子幼时丧父，母亲很重视对他的教育。不仅在孟子幼年时择邻三迁，给他找个适合成长的良好环境，而且在孟子无心学习时，割断正在纺织的布来说明孟子废学的错误。即使在孟子娶妻后，孟母仍对他教诲有加。

有一天，孟子刚进卧室，看见妻子在室内裸露着上身。孟子很不高兴地走了，不踏进卧室半步。孟妻觉得很委屈，便对婆婆说："我听说夫妇在卧室私处时，彼此不必太过遵守那些日常礼节。今天我在卧室脱换衣服，他看见了很不高兴，这不是把我当外人看吗？按照规矩，女子是不能寄宿于外人家的。婆婆，我还是回娘家去吧。"说完就起身要走。

孟母马上把儿子叫来询问缘由。一听孟子说其妻无礼，孟母教训道："将入门，问孰存，是对人的尊敬；将上堂，声必扬，是对人的警戒、提醒；将入户，视必下，是怕看到别人的羞丑之事而令其尴尬。""这些都是最起码的礼节，你自己还没做到，反而说别人无礼，太过分了吧！"孟子听后，连连自责，并向母亲和妻子道歉，请求妻子不要离开。孟子是位大圣人，而他的母亲也无愧"圣母"之称。

不受其子所送腌鱼，反而回书责备、警戒的陶侃之母；因家贫买不起纸笔，以荻草秆在地上画荻教子的欧阳修之母；为激励其子抗金，刺"精忠报国"四字于儿背上的岳飞之母；等等。教子有方的母亲数不胜数，她们作为妻子，都是在家主内的典范，这却从未妨碍她们人生的独立，母仪千古。

小专题 15

经典补给站
——《礼记》《列女传》

《礼记》即"五经"中的《礼》，主要记载和论述先秦的礼制、礼仪，解释仪礼，记录孔子和弟子等的问答，记述修身做人的准则。《礼记》的作者不止一人，写作时间也有先后，与《仪礼》《周礼》合称"三礼"。《礼记·曲礼》曰："将上堂，声必扬。""将入户，视必下。"

《列女传》是一部介绍中国古代妇女行为的书，记载了上古至西汉约一百位具有通才卓识、奇节异行的女子，也被看作一部妇女史，共七卷，为西汉经学家刘向所作。另一部是明代万历年间，安徽歙县人汪道昆在刘向《列女传》基础上编写的明版《列女传》，共十六卷。《列女传·母仪传》曰："将入门，问孰存。"

即使到了近代，我国仍有很多厚德载物的典范，在她们的生命中闪现着"牝马"的光彩。

蔡和森的母亲葛健豪，十六岁便嫁到蔡家。当时蔡家家境已每况愈下，她便将最心爱的小儿子蔡和森送去当学徒，以求将来养家糊口。世人常言"徒弟，徒弟，三年奴隶"，蔡和森三年之后便愤然苦读。蔡母暗喜，便偷偷典当了自己的一些嫁妆作为蔡和森去省里求学的资助，以冀他能实现为国为民做出一番事业的宏愿。

蔡母是一个敢于向封建势力挑战的独立女性，她把身边的儿女子孙组成了一个新型家庭。特别值得一提的就是当时蔡父迫于生计，要把刚满十三岁的蔡畅卖去做童养媳，蔡母便瞒着蔡父变卖了仅存的嫁妆，带着长女蔡庆熙、三女蔡畅以及不到三岁的外孙女刘昂，辗转到长沙。蔡母不顾年老体弱、经济拮据，毅然投考长沙的"湖南女子教员养成所"。校长因蔡母年高而拒收，蔡母便愤然上状书到县衙门，令县官深为叹服，批道"求学之志可嘉"。结果，祖孙三代成了同学，一时传为佳话。

蔡母常听儿子与毛泽东等有志青年一起讨论，衷心赞许他们改造世界的坚强决心。甚至在五十四岁时，蔡母仍与儿女一起赴法勤工俭学，当时旅费尚无着落，蔡母便亲自到民族资本家聂云台那里，大谈勤工俭学对实业救国的意义，得到聂云台八百元光洋的借赠，作为这批勤工俭学成员的旅费。1919年12月25日，蔡母一家人同去法国勤工俭学，在当时又成为一大新闻。蔡母在法国学习法语，不顾自己年龄大、裹小脚等不便，和同学一起练操，还以自己擅长刺绣来赚钱供家人开支、帮助部分贫困的勤工俭学学生。

为了能让蔡畅从法国到莫斯科学习，蔡母抱着蔡畅刚满八个月的女儿李特回国了。回国后，蔡母便在长沙创办了一所"平民女子职业学校"，主要招收贫苦女子，培养她们自食其力、独立生活的本领。蔡母不仅倾心于教育事业，也参加了许多社会活动，奔波于长沙各阶层，苦心为学校筹募捐款。

蔡和森因革命牺牲之后，周恩来曾派专人到双峰县接蔡母，蔡母却认为自己年事已高，出来会给革命事业增加负担，于是留在乡下过着艰苦的生活，直至去世。

从蔡母的经历来看，她似乎没有完全恪守古代社会"女主内"的妇道，但是她作为一位伟大的母亲却无可非议。她像一匹德厚的"牝马"，承载着教养子女、维系家庭的重任，永不停息地奔驰，始终发扬着阴阳相合而生万物的精神。班昭认为女子当以弱为美，而其续修《汉书》何尝不是一种自强呢？又有谁敢说蔡母是个不守妇道的女人呢？

没有父母就无所谓家庭教育。无论"自强不息"还是"厚德载物",夫妻共同努力、相互配合是良好家庭教育的前提,家庭也能更好地实现男女生命价值。梁凤仪说"女人知道自己的生命的主人是谁,这一点很重要",这对男人来说又何尝不是如此呢?"男主内,女主外"既不是依赖也不是歧视,把握阴阳相合生万物的精神吧,不要固执地反对或死守,否则也成"宅女""宅男"了。

小专题 16

文化广场
——当代网络语言一览

"宅女""宅男"的称呼源于网络,指不愿意与外人交流,待在家里,对亲戚朋友的感情不是特别强烈,交际圈子小的现代社会男女群体。

网络语言是伴随网络发展而新兴的一种语言形式,简洁生动,独特多样。其借助计算机及相关软件为工具,与全球化进程密切联系,并受本国语言文化影响。

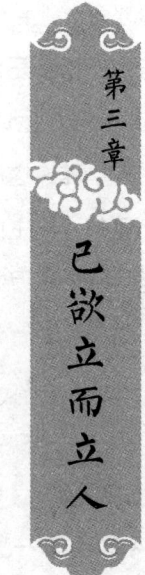

第三章 己欲立而立人

——民众教育乃儒家善政之圆满

《大学》开首即言："大学之道，在明明德，在新民，在止于至善。"中国古代的大学是具有高等教育职能的机构，从上古五帝时就有了。大学的宗旨之一是"新民"，其教育目的不仅要让受教育者自身学知识、明事理，还要让他们能够推己及人，使天下众人都明事理，懂得如何做人，不断自新。这就是儒家的"己欲立而立人，己欲达而达人"。

　　大学能够"新民"，主要在于西周以前"学在官府"的教育体制。这种教育体制官师不分，身为国家重臣的太师、太保、太傅，同时也是帝王之师。教育机构与行政机构合一，使官方能够通过行政手段保证对民众施行教化，而对民众的教化则使政治日趋完满，达到治国平天下的目的。因此，对民众进行教育、提高全民素质，既是后来儒家教育的重要部分，也是儒家教育的宗旨所在。

　　民众教育涵盖整个社会，尤其与国家政治密切相关，与前边说的师门、家庭教育皆有不同。儒家如何进行民众教育呢？

一、礼乐教化

儒家尊崇并主张恢复周礼，与西周官学教育一致，强调以礼乐教化民众。主要课程"六艺"中，前两门课就是礼、乐。

周礼的内容丰富繁杂，大体分为君臣、父子、兄弟、夫妇、朋友五伦关系规定，衣食住行、婚丧嫁葬等一切行为规范，以及西周政治、军事、法律制度等三类。当时西周国学所教的礼主要涉及祭祀、朝会、饮宴、兴师出征等内容，既是贵族子弟的伦理道德教育课，又是治国从政前的政治必修课。

礼教能从外部规范人的行为，但带有强制性，久而久之会使人产生心理对抗或消极的抵御，达不到礼教应有的效果。乐教则重在陶冶人的性情，从人的情感、兴趣等内部需要进行教化。同样是教育如何做人，但从兴趣出发、以多种活泼的艺术形式展开，将会大大增强教学效果。乐教的内容不只是音乐、舞蹈、诗歌，还涉及美术、建筑、雕镂，甚至田猎、肴馔等内容，总的来说，乐教是通过美育、艺术教育进行政治、伦理道德教育的。"夫乐者，乐也。"（《荀子·乐论》）喜乐之情为人天生固有，使人喜乐的乐舞也就为人所必需。乐教把带有外部强制性的礼变得更活泼，人在礼乐交融的情境下，既规范了行为又满足了精神需要，既缓和了矛盾又增进了团结，有利于更好地教化民众，维护国家、社会的稳定。礼与乐的结合，成为西周国学教育的重心。

小专题 17

礼仪课堂
—— "五礼" "六仪"

"五礼""六仪"是周代贵族子弟所受教育的主要内容。五礼，即"六艺"中"礼"的部分，包括吉礼（五礼之首，主要是对天神、地祇、人鬼的祭祀典礼）、凶礼（以丧礼哀死亡；以荒礼哀凶札；以吊礼哀祸灾；以禬礼哀围败；以恤礼哀寇乱）、军礼（师旅操演、征伐之礼）、宾礼（接待宾客之礼）、嘉礼（和合人际关系、沟通、联络感情的礼仪）。

六仪，指举行不同礼制的六种仪容。祭祀之礼当有端庄恭敬、盛大的穆穆皇皇之容，宾客之礼当有矜持恭敬的严恪矜庄之容，朝廷之礼当有聚集一堂而举止有节的济济跄跄之容，丧纪之礼当有庄敬流泪的涕涕翔翔之容，军旅之礼当有气势勇猛、气宇轩昂的阚阚仰仰之容，车马之礼当有阵容整齐、行走威武的匪匪翼翼之容。

自孔子创立儒家学派、推行平民教育开始，礼乐教化一直是其教育的主要内容，很为孔子重视。农历每月初一的告朔之礼都要献上活羊，孔子的弟子子贡因为舍不得这笔花费，就打算去掉献活羊的程序。孔子很善意地批评子贡说："赐啊，你爱惜那头羊，而我却爱这礼啊！"

孔子以后，礼乐教化仍是儒家教育的首要部分，孟、荀等大儒的教育思想中都有很大分量的礼教内容。特别是在汉代，儒学成为官方意识形态，"三礼"被列入"经学"行列，礼乐更是儒生的必修课。即使在崇尚清谈的魏晋、佛道大兴的隋唐，礼乐仍然是入校学习者最重要的课程，受到社会的重视。

阮籍自幼奇才，八岁便能撰写文章，擅长诗赋、弹琴又嗜饮烈酒，生性恬静却又狂放不羁，成日里披头散发，袒胸露腹，长醉不醒。坐在晋文帝朝堂上依然叉开双腿，大声唱歌，我行我素。有一次，晋文帝想娶阮籍之女做儿媳，阮籍竟一醉六十天，弄得婚事都没谈成。长啸是阮籍又一特点，他突然发出一声长啸，能传几百步远，颇入得意忘我之境。

想不到像阮籍这样一个不拘礼数的狂放之士，对礼乐教化却很是赞同,并有一番成熟、独到的见解:"礼治其外,乐化其内,礼乐正而天下平。"(《乐论》)阮籍认为,国家的治理、社会的稳定少不了礼乐教化。礼法不严,乐教、文化也就乱了套。礼能分等级上下尊卑,保证社会秩序,乐则让人有情意而无哀怨。实施礼乐教化,还必须各有一套专门的器具,不可缺少。

阮籍悠游于诗乐歌赋之间,畅然自得,深深感受到乐之所作源于人的内心情感需要,认识到音律使人心平气定、身心和谐的作用,然而身处酒池肉林、人欲横流的无礼无节之世,丝竹奏出的也不过是哀嗟之音罢了。

历代明君都会修礼法、正典乐,公示天下,这既意味着对国家、民众的统治进行调整和加强,也是执政者以儒家思想对民众进行教育的表现,使儒家教育更深入民众。

二、养老以教民

今天的中国,人口老龄化程度加深,养老成为很大的社会问题。然而从虞舜到周代,养老已经被列为一大任务了。与今天不同的是,那时的养老任务是由学校完成。

当时受政府赡养的老人,以资格或年龄的不同而加以区别。退休的卿、大夫等称为"国老",由国立大学赡养；退休的士称为"庶老"，则由国立小学来赡养。年满五十的赡养于乡学，六十以上赡养于国立小学，七十以上则赡养于国立大学。诸侯国的老人由各国诸侯赡养，诸侯封地以外的老人则由周天子赡养。

在学校里受养的老人，会受到专门的礼遇。有些老人由于年龄过大，体力衰弱，就可不必亲自去学校接受天子送礼。特别是八十岁以上的老者，天子会派专人把养礼送到家里。在接受天子送来的养礼时，老人也不必跪下叩首谢恩，只需坐着叩一叩头就行了。九十岁以上高龄者，天子之礼由他人代为接受即可。考虑到年老的盲人行动不便，也可以坐着接受享礼，不必下跪。

由于一国老者众多，也可通过免除赋税徭役的方式来赡养老人。家中有八十岁的老人，便有一子可免去徭役和兵役等义务；家中有九十岁的老人，全家皆可免去徭役、兵役；若有残废、疾病，生活不能自理者，家中也可有一人免去这些义务。

周代学校养老与视学一起举行。什么叫"视学"？"诗书礼乐四时教之，故知有四视学之礼。"（《玉海·学校》）周代学校管理非常严格。每年四季，天子或诸侯都要亲自前往他们直接管辖的学校视察四次。视学完毕第二天，便举行养老典礼。天子、三公九卿、诸侯大夫们都要出席这一盛大的宴会，祭奠先师，向群老行礼，作雅诗、奏乐舞、献食敬酒、祝福祝寿。与视学之礼相应，周天子举行如此隆重的养老大礼，一年也有四次。

以父兄之礼奉养天下老人，是执政者进行社会教化很有效的方式。天子带头行孝悌，让天下民众懂得孝悌之道的重要，并以之为榜样，从而使孝悌观念深入人心，改善社会风气。在学校里举行养老典礼，能让在校学生直接受到孝悌教育。有所观而有所感，有所感则必有所为，这种潜移默化、亲见亲为让一代代青年学子受益良多，让整个社会也日趋于善。这比空讲孝悌之礼的说教要胜过百倍。

儒家教育讲的孝悌，直接承继上古教育理念。这也是针对社会的伦理道德教育，从每个人做起，以至扩展到全民、整个社会。从官府到民间，无不把孝悌作为考察个人道德品行的重要标准。在今天，孝敬父母、友爱兄弟者仍为人所称道，打骂甚至砍杀亲人的暴逆之徒则被媒体屡屡曝光，为大众所谴责。可见，孝悌观念在千年的教化中已植根于民众内心深处。

三、造福一方的义塾

从五代到宋初，就有一些民间设立的学校，给当时的读书人提供免费入学受教育的机会,并且解决他们的食宿问题。这些学校到了宋真宗、仁宗时期称为"义学",又叫"义斋""义塾"。"与众共之曰义。"(洪迈·《容斋随笔》)义塾虽为民间设立,却有公共服务的性质。

义塾之所以产生,除了科举考试日受重视、印刷术的发明大大增加人们读书的机会之外,还与当时宋代官方兴办学校力度不够有关。义塾多由富庶的家族出资创办,延请名儒为师,教授儒学。

宋代著名的义塾之一,是由北宋名相范仲淹家族建立的范氏义学。"先天下之忧而忧,后天下之乐而乐"的文正公晚年回到家乡创设义庄,置田地、供衣食,周济宗族贫者,使之不再有寒馁之忧。其子后来又加以增补、完善,受范氏义庄救济的人群已远远超出了范氏宗族的圈子。

范氏义庄虽然历经曲折,但延续了九百多年,直至近代。范仲淹首开置办义庄、义塾之先河,实为造福民间之举。同时,范氏家族建立的义塾还提倡部分固定田产专门为义塾所用,作为义塾的经济基础,宋代一些官方的慈善机构纷纷效仿之。当时,湖广江浙、河南山东,全国各地、大江南北,皆兴办义塾,使义塾发展日渐兴盛,最终确立了宋代民间义学教育的传统。

梁溪义塾,为元代专门掌管江浙、湖广一带的儒学提举强以德所建，位于无锡西南、梁溪以东，是江苏无锡地区最早的义塾。

小专题 18

文史小专题

——古代官职：提举

提举有"掌管"之义，宋代以后设主管专门事务的职官，即以"提举"命名，如提举茶盐、提举水利等。

梁溪义塾校舍房屋三十余间，有一千多亩田地为义塾提供经济来源，每年粮食收入达五百斛以上。同其他义塾一样，梁溪义塾对于乡里子弟均有教无类，一视同仁，不限族系和出身门第。教学体系完整，无论平时还是祭祀皆有对应的礼仪。所聘塾师，皆为教导有方的名儒，诲人不倦，百教不厌。在人才培养上，梁溪义塾则以经世致用为准。

小专题 19

文史小专题

——古代计量单位：斛、斗、石

古代容量单位。一斛为十斗，后改为五斗；十升为一斗，十斗为一石（dàn）。石也是古代重量单位，一百二十斤为一石。

儒林义塾位于江西庐陵以南的万安县西。万安县有一地名曰"邓林",又名"儒林",山水明秀,人烟丛聚。说起儒林义塾的建立,颇有一番承继儒学的浓厚情结。

两宋王朝历经三百余年,庐陵才子辈出,中举登科之士不可胜数。然而随着朝代的没落,儒学教育也日渐衰微。当地一刘姓老者,乐善好施,其五子皆为读书之人。二子刘桂平眼见儒学衰微,不禁感慨:"想当年此地儒风蔚然,士人文质彬彬,而今人多有惰弃学业,关键还是因为无处可学、无师可教啊。"

于是,刘桂平设置义塾,延请塾师,凡乡里子弟孩童皆可免费入学。一时间莘莘学子,门庭若市。眼看义塾远不能容纳前来求学者,刘桂平便对之进行扩建,讲堂、校舍、厨房、食堂、田地一应俱全。并在义塾百里之外专造一门,将义塾建立之事记于其上,意在垂青千古。

戴氏义塾,现位于浙江嘉善县枫南乡集镇。戴氏义塾的创办,还有一段子承父志的故事。戴旸谷,乃一归隐不仕的读书人,在当地颇有名望。他见当地官方没有办学,考虑到乡里人家的孩子将来受教育的问题,便打算创办义塾。义塾未成,戴旸谷已逝。二十年后,戴光远承父未遂之志,于镇东开辟二十余亩地建设戴氏义塾。

戴氏义塾的硬件设施很齐备,除了教学、校舍,还有厨房、食堂、浴室、粮仓、器物库房，以及经史藏书、各类教学所需器物等，义塾内所直接使用的房屋达四十五间之多。义塾环境也很幽雅，四周植有茂密的竹林、树木。绿荫蔽天，花径通幽，山石间泉水流淌，湖塘中有菱角莲荷、茭白香蒲点缀，景色宜人。

义塾建成后，戴光远以正式的入学之礼请儒师、招学生，开始教学，又以五百亩上好田地作为义塾的经费开支，保证教学活动正常进行，最终实现了父亲生前未了的心愿。

全国各地的义塾屈指难尽，尤以江浙地区为众。各地义塾无论规模如何，都有一个共同的目的——"以淑乡里子弟"。为"淑乡里子弟"而建义塾，使一方青年学子受到教化熏陶，日益明事达理，当地的民俗风气也由此渐趋善良。义塾虽为民间私设，却能教化一方民众，造福一方乡里，"仁者爱人""己欲立而立人"之德彰显昭著。

四、真理与前程的两难抉择

"仕而优则学，学而优则仕。"春秋战国时期，儒家为了其思想学说能够被当政者采纳，付出过巨大努力。

孔子周游列国，力倡周礼，修《诗》《书》，定《礼》《乐》，序《周易》，作《春秋》；孟子游历诸国，谏诸侯，拒杨、墨，主张民本、王道等仁政学说；荀子游于齐，任祭酒，传道授业，隆礼法后。

但是，儒家的地位并不显赫：礼崩乐坏，诸侯争霸，孔子累累若丧家之犬；杨朱、墨翟之言遍天下，孟子仁政之说被视为"迂远而阔于事情"；荀子虽为先秦儒学集大成者，但当时的显学却是弟子韩非所创的法家思想。

直至汉代，儒术独尊，成为一统天下的官方意识形态，儒家教育思想方成为用以教育民众的主要思想。

小专题 20

儒学小知识
——"罢黜百家，独尊儒术"

汉建元五年（公元前136年），汉武帝置《五经》博士，将其他太常博士一律罢黜，排斥他家之言于官学之外，提拔布衣出身的儒生公孙弘为丞相，优礼延揽儒生数百人，有通六艺之吏者被选拔出担任重要职务。汉武帝又在策问中采纳了董仲舒"罢黜百家，表章六经"，将不属"六艺"之科、孔子之术者都从博士官学中排除的建议，使思想统一，是为"罢黜百家，独尊儒术"。

自此，儒家思想完全成为封建王朝的统治思想，加强了中央专制集权，维护了封建统治秩序，成为中国传统文化的正统和主流思想。而此时的儒家，也掺杂了道、法、阴阳五行家思想，已非春秋战国儒家之原貌。

儒学独尊，儒家教育施于天下，儒家仁政理应更为完善。但事实如何呢？

汉代建立察举选士制度，通过贤良、孝廉、茂才、明经、敦厚、勇猛知兵法等科目的考察来选官取士。这种做法让平民有了步入仕途的机会，大大激发了民众读书受教、从事教育事业的积极性。整个社会变得更加重视品德与才干，实为善政之举。

不过儒学在官学化之后，不得不受王权支配。儒学服务于王权，其价值在于论证王权的合理性，儒家思想中天下为公、以民为本的泛爱众精神已随着当朝统治的没落、社会道德的沦丧日渐弥衰，无法起到教化民众、改善政治的作用。研究儒学也成了不少人猎取功名的手段，导致世间鱼龙混杂，世人名利熏心。

东汉末期至魏晋南北朝，为避流俗世风、保全自身，许多士人在道家思想的影响下主张"清谈"，不谈论歪曲了儒家本真精神的名教礼节，唯恐避政治而不及。但这其中仍不乏坚持儒家精神、推行儒家教育的有识之士。

傅玄，可谓魏晋时期儒家味道最浓之人。他认为人性具有很强的可塑性，会发生变化，就像水一样：放在圆的器皿里就呈圆形，放在方的器皿里就呈方形；静置就会澄清，搅动就会变混。人性如何发展变化，关键在于如何教育。对个人进行礼教就会塑造君子，对民众进行礼教就会使国家社会安顺，以礼义为教就会使善日长而恶日消。

颜之推虽喜好饮酒，多有放纵，但其教育思想也是以儒家思想为中心的。如教育的意义在于受教者通过诵习启发其知识、指导其行为；教育子弟当从胎教、幼儿开始，以便事半功倍；习惯、成长环境对人影响极大，当重视小儿成长之环境，自小养成良好习惯，潜移默化。

葛洪先世虽为大官，但到他时家道已中落了。他幼贫且孤，以农耕砍柴度日，但好学心切，不释书卷，无意于仕途，除读书求学之外，别无所好。

葛洪是东晋道教学者，著名的炼丹家，世称"小仙翁"，兼修儒道。在修身养性方面，他认可道家恬淡自然、抱朴无饰的原则；在经世治国方面，葛洪称赞儒雅之士的博学多才，肯定儒家的礼乐教化，认为礼乐文饰是人类文明进步的体现，有益于社会教化。葛洪形象地比喻说："没见过华美多彩的虎豹之皮，就不知道狗毛、羊毛竟如此杂乱无华；快听完了《白雪》雅乐，方才晓得民歌《巴人》是何其粗俗。"

小专题 21

成语典故
——阳春白雪、下里巴人

"阳春白雪"和"下里巴人"出自战国楚·宋玉《对楚王问》："客有歌于郢中者，其始曰《下里》《巴人》，国中属而和者数千人；其为《阳阿》《薤露》，国中属而和者数百人；其为《阳春》《白雪》，国中属而和者不过数十人。"《阳春》《白雪》是中国著名古琴名曲，相传为春秋时期晋国乐师师旷或齐国刘涓子所作，是高雅的乐曲，会唱者很少。《下里》《巴人》则是楚国民间通俗歌曲，会唱者众多。"阳春白雪"与"下里巴人"常对举使用，前者比喻高深、不通俗的文学艺术，后者泛指通俗文艺。

由于兼修儒道，葛洪在教育上强调个人努力的重要。千里马跑得再快，但停在那儿不动则一步也不能前进；小麻雀飞得再低，只要不停地努力，则一定能飞过高山。人的成功在于自身的努力。

魏晋南北朝的"清谈"实际上对儒家民众教育起了补救作用，因为许多士人虽精诗书却不入仕、通礼乐却不为官。这好似在死水中投入一块石头，掀起一片波澜。在读书→察举→入仕这个日渐腐坏的体制中，一阵"清谈"之风吹过，让那些争夺名利、头脑发昏的读书人看到：原来身边还有为修身养性、经世治国而读书的人，还有"泛爱众，而亲仁"的儒家真精神。

儒学自汉王朝登上官学高位之后，第一次面对真理与显学的抉择，儒者们也第一次面对真理与个人前程的抉择。在做出抉择的同时，儒家教育得到了提升。

宋代理学有"新儒学"之称，尤其是程朱理学，成为南宋之后的官方意识形态学说。理学成为官方意识形态的同时，也成了维护当权统治者的思想手段，离社会民众渐远，甚至成为用以迫害民众的工具。"饿死事极小，失节事极大"便是典型的例子。

有人问程颐："照您的说法是不该娶孀妇为妻，为什么呢？"程颐回答："古有嫁娶之礼，孀妇为已嫁之人，再嫁则失此礼节。而娶妻乃以身相配之事，若娶失节之人配己身，自己也就成了失节之人。"

来者又问："那么有些孀妇贫穷而无所依托，可不可以再嫁呢？"程颐说："这只是后世之人怕受饥寒才这么说。相比之下，宁冻饿而死也不丢失礼节。"

这段对话看似讨论孀妇是否可娶可嫁，实质讨论的却是肉体生命与礼节、操守孰轻孰重的问题。不可娶孀妇是对男子在礼节上的约束，孀妇不可再嫁是对女子在礼节上的约束。在今天看来，孀妇成了既不能嫁也无人娶的弱势群体。

程颐的立场很明确——礼重于身，但程颐却非有意歧视孀妇，而是针对晚唐五代以来政治衰退、世风日下的局面，上至朝堂、下在民间的失节行为，对之猛烈抨击，以期匡扶正气。然而也就是程颐这句话，被历代统治者用以迫害民众、压制人性近千年！直至今天，我们听到它仍有毛骨悚然的震惊之感。

这当然不是程颐的错。孔子当年实行礼是以质朴、仁爱为前提，是针对时弊而推行礼。程颐很理解孔子是为了"矫正反弊"，也预料到会有太多的"歪嘴和尚"把经念走了样，自己会受到时人与后世的误解。但礼乐教化的真理不能改变，程颐做出了坚定的选择。

无论是玄学清谈之风起，还是隋唐佛学之道兴，以至后来的宋明理学、清代实学等，儒学始终处于官方意识形态地位。儒家的礼乐教化为经世治国者普遍接受，儒家教育也就始终有着以善政教化民众的治国平天下大任。但每一次时代大变迁之际，儒家都会面临同样的困境：是随着没落腐朽的王朝同归于尽，还是努力探求新的治国治民之道以变革自身？"大人虎变，其文炳也。"（《周易·革》）儒家选择了后者，选择了真理，回到民众中以完善其政治，在历史长河中展现出无限包容的魅力。

第四章 学而优何往？

——「经世致用」乃儒家教化之归向

"百度知道"上有一条提问："我大学毕业后不知道去哪里。想干什么？"网友给出的"最佳答案"在网上挂了三个月时，答案采纳率达50%，浏览次数超过六百次。相信它被浏览的次数还会继续上升。

今天的高校毕业生越来越觉得压力重重，"找工作太难，找好工作更难""起薪太低""大学生还不如农民工抢手"……一系列问题摆在大学生面前。从高考填报志愿开始到大学毕业，所谓"冷门""热门"专业，"211""985""双一流"经常挂在考生、家长、老师们嘴边。

"211""985""双一流"高校和"热门"专业将来好找工作，"冷门"专业和其他高校将来很难就业。这既是目前大多数国人的看法，又是不得不面对的现实。于是，赶考的苗头直接对准"双一流""本硕连读""直博"；学习目的也不假思索地指向"热门"专业，指向将来就业。

又是一段网友留言：

"期末考试说远也不远了，望同学们以突击为主，作弊为辅：采取师进我藏，师退我抄，迂回作战方针！送你一副对联：考试不作弊来年当学弟，宁可没人格不能不及格。横批：死也要过。考试必要技巧：三长一短选最短；三短一长选最长；长短不一要选B；参差不齐就选D。以抄为主，以蒙为辅，蒙抄结合，一定能过。"

看着这段对联式的"末考"战术，实在令人哭笑不得。天之骄子们在象牙塔里练就了一套应考本事，鏖战之后，又一起挤入熙熙攘攘的人才交流市场，把自己像大白菜一样卖掉。

这些情景让人愈发感到悲凉，却又不能不同情青年学子们惆怅无助的处境。梁漱溟当年"想与青年为友""帮青年走路"，于是自办学校的做法给我们启示。且网友在回答毕业生何去何从时也提到孟子的话，那我们不妨从儒家教育这里来寻求一些帮助。

一、举孝父别居，登科马蹄疾

其实在儒家教育中，德行、知识与名利之间也多次发生冲突，学子们甚至以德行、学业捞取名利。汉代民间流行一句俗语："举秀才，不知书；察孝廉，父别居。"汉代被举荐为秀才的人却没念过书、大字不识，因孝顺、公正廉洁而推举的模范人物却让父母独居，未行孝父之道。

原因何在？汉代选拔官吏，主要由地方长官在辖区内以德行、才学为标准，随时考察，选取人才并推荐给上级或中央，经过试用考核再任命官职。但这种察举制实际上多为世族大家所垄断，从弄虚作假、相互吹捧中举荐出"孝廉"。

结果，清贫人家虽身无分文，但为改变家境不得不同流合污。高官子弟没有真才实学，良将英才也胆小如鸡，总之，只是为了捞取功名利禄或混口饭吃，谈不上修德、求学以报天下。

"昔日龌龊不足夸，今朝放荡思无涯。春风得意马蹄疾，一日看尽长安花。"孟郊四十六岁进士及第，挥笔作七言古诗《登科后》，其得意之情自不待多言，而近天命之年登科，可谓科举制度为其开辟了命运的新际遇。

隋唐实行科举制，国家公开设科招考，按照不同的科目通过考试来选取人才，读书人可以公平、自由地竞争。考试科目分为常科和制科两类，唐代科举考试的常科比较多，以儒家经典（明经科、进士科）为主，兼有法律（明法科）、文字（明字科）、算学（明算科）等十余科。另有特别开设的制科如：公文写作（博学鸿词科）。清代则有翻译科、经济科等制科。制科一般是因国家对特殊人才有所需求而开设的。

69

小专题 22

教育之声
——科举考试题型

科举考试题型，朝代不同亦有变化。唐代科考有口试（口头回答与墨义同类的问题）、墨义（围绕经义及注释所出的简单问答题）、策问（考生依据考官提出的有关经义或政事问题发表议论、见解，提出对策）、帖经（考官翻开经书任一页，蒙住左右两边，只露出中间一行，再裁纸贴住这一行中几个字，令应试者将所贴字写读出来。有如现代试卷的填空与默写）、诗赋五种题型。

宋代科考主要有经义（以经书中文句为题，应试者作文阐明其义理）、策问、诗赋等题型。明、清代只有经义，并演变为八股文形式。

唐代前期，科举考生来源于各类官学学生，称为"生徒"，有点像我们今天参加升学考试的历届在校毕业生。另有地方州、县从私学或自学之士中选拔举送的考生，称为"乡贡"，类似我们今天的成人教育、自学考试。

关于报考条件，唐政府严察参试者的档案与家庭背景。曾触犯过大唐法令之人、工商子弟以及州县小吏等皆无参试资格。至于贡举、应试过程中的徇私舞弊、当举不举、举而非其才等行为，则要受到严厉惩处。

"天子重英豪，文章教尔曹。万般皆下品，惟有读书高。"（《神童诗》）科举考试制度一直延续到清末，可以说为中下层读书人打开了一扇改换身份向上流动之门。无论真正能进入此门的人多与少，都改变了汉代世家大族垄断人才选拔、"上品无寒门，下品无世族"的状况。莘莘学子看到了"学而优则仕"的希望，积极作为，科举制也自然达到了为国家选贤与能的目的。

二、唐宋有诗词，八股方取士

科举考试确具时代意义，但在我们看到网友精心策划的考试战术时，难免不对选取人才的形式产生怀疑：考试真能确保天下贤能尽入彀中吗？

唐代的科举制度已经比较完备了。从唐代开始，科举考试就分文举与武举，郭子仪便是唐代著名的武状元。当时的科举考试，确实是为国家招选经邦治世之才而设，并非空谈儒家经典、文学理论的敲门砖。

到了明代，科举制度进入一个鼎盛时期。因为明代统治者对科举高度重视，科举方法的严密、正规程度也超过了以往。明太祖朱元璋对科举选拔人才寄予了莫大期望，甚至在洪武四年（公元1371年）十二月，命令本年度乡试考中的举人全部免除会试，赴京城授官，以解决当时各级官员急缺的问题。

国家重视科举的同时，弊端也不断涌现出来，主考官的个人偏袒与成见、投机者找人冒名冒籍代考、宦官权豪以势压人、考官作弊选取考生等现象层出不穷。《明太祖实录》记载，洪武三十年（公元1397年）三月会试，主考官因自己是南方人而偏重南方考生，竟然导致北方考生无一录取。朱元璋严厉惩罚了这次科考事件的参与者，并亲自策问会试举人。这是明代首次科场案。

"主司以文场为市"，主考官把科考当成借机牟利、升官发财的手段。考场成了交易集会之地，乌烟瘴气。科场上的丑恶现象司空见惯。

小专题 23

教育之声
——明清科举简表

科别/内容/项目	院试	乡试（秋试）	会试（春试）	殿试
考场	学政巡回案临考场（府县）	京城和各省贡院（省城）	京城贡院（礼部）	皇宫（宫殿）

续表

科别/内容/项目	院试	乡试（秋试）	会试（春试）	殿试
主考人	各省学政	中央政府特派官员	钦差大臣	皇帝
参加者	童生（儒生）	生员及监生	举人	贡士
中者名称	生员（秀才）	举人	贡士	进士
日期	三年之内两次	子、卯、午、酉年八月桂榜	乡试次年三月杏榜	会试同年四月金榜
第一名	案首	解元	会元	状元
第二名	/	二至十名为亚元	/	榜眼
第三名	/	/	/	探花

唐代科举考试题中有诗赋，因为像帖经、墨义等题只需熟读经书和注释就可以了，而诗赋就需要有文学才能，临场发挥。诗赋被列入科考试题，激发了唐代文学的兴盛。"人生得意须尽欢，莫使金樽空对月。天生我材必有用，千金散尽还复来。"各种体裁的诗赋流行，宛如朵朵灿烂的奇葩，照亮了唐代科举试卷。"诗仙"李白、"诗圣"杜甫、"诗王"白居易、"诗豪"刘禹锡，以及名列

"唐宋八大家"的韩愈、柳宗元等著名诗人、散文家,家喻户晓,妇孺皆知。

到了宋代,科考诗赋随着王安石变法被取消,改以经义为主,目的是让士人通晓儒经以致用。经义类似于议论性的短文,但只限于用儒家经书中的语句作题目,并用经书中的意思去发挥。与诗赋之花不同的另一颗树种萌芽了。

由树种长为参天之木,是在明清。从明代开始,科举考试使用严格的八股文形式。这种文体格式固定,所论写的内容也都要以《四书章句集注》为代表的程朱理学为主,"代圣贤立言",不允许作者自由发挥。

考生为了迎合八股文的固定格式,不得不咬文嚼字、强拉乱扯。加之科考舞弊之风猖獗、考生人数与任用职位比例失调等现实,科举考试不仅变得没有唐代诗赋那种活泼泼的文采生气,也失去了通经致用的意义,越来越达不到选拔人才的目的。顾炎武批评八股文的危害胜过当年秦始皇焚书,并非夸大其词。

鲁迅先生在《伪自由书》中批八股即便语气苛刻,却也并不过分:"八股原是蠢笨的产物。一来是考官嫌麻烦——他们的头脑大半是阴沉木做的,——什么代圣贤立言,什么起承转合,文章气韵,都没有一定的标准,难以捉摸,因此,一股一股地定出来,算是合于功令的格式,用这格式来'衡文',一眼就看得出多少轻重。二来,连应试的人也觉得又省力,又不费事了。这样的八股,无论新旧,都应当扫荡。"

八股文作为科举考试文体,直到清代光绪三十一年(公元1905年)才得以废止。若以八股文滥觞于北宋算起,其寿命已长达七百年,影响深远。恶劣的八股文虽遭如此批判,"八股"观念却深深影响着一些人的内心,直至今日。

这话并不夸张。中国革命战争年代里,我们有"党八股"。毛泽东发表《反对党八股》的演讲,对中国共产党内存在的"党八股"进行申讨,亲列其八条罪状,声明定要将其破坏,革命方能发展。

那么,大半个世纪后的今天,我们的教育是否还有"八股"存在呢?

小专题 24

古今之镜
——"党八股"罪状

《反对党八股》是毛泽东于1942年2月28日在延安干部会上的讲演,列举了当时中国共产党内从思想到言行存在的八条罪状。

第一,空话连篇,言之无物。

第二，装腔作势，借以吓人。大讲其"残酷斗争"和"无情打击"。

第三，无的放矢，不看对象。

第四，语言无味，像个瘪三。没有学习吸收古今中外生动实际、具有新鲜活力的东西。

第五，甲乙丙丁，开中药铺。充满符号概念的形式主义，没有认识事物内部的本质联系，不能解决实际问题。

第六，不负责任，到处害人。随便发表文章言论，不顾影响。

第七，流毒全党，妨害革命。

第八，传播出去，祸国殃民。

三、"奥数"、高考、四六级
——各有几股？

中国教育学会会长顾明远先生在成都市参加青羊区减轻学生学业负担座谈会上，曾表明自己"最讨厌奥数班"，认为"人人学奥数，这是摧残人才"。哪知他话音刚落，一位小学生就举手发言说："顾爷爷，你说讨厌奥数班，但我们不上奥数班就上不了好的初中，上不了好的初中就考不上好的高中，上不了好的高中就考不上好的大学，上不了好的大学，将来就找不到好的工作，我们怎么养家糊口啊？"

所谓"奥数"，是奥林匹克数学竞赛的简称。1934年和1935年，苏联开始在列宁格勒和莫斯科举办中学数学竞赛，并冠以"数学奥林匹克"之名。1959年，第一届国际数学奥林匹克竞赛（International Mathematics Olympiad）在罗马尼亚首都布加勒斯特举办。

国际数学奥林匹克是一项国际性赛事，由国际数学教育专家命题，出题范围超出了所有国家的义务教育水平，难度大大超过大学入学考试。适合学习奥林匹克数学的儿童属于智力超常者，仅占总数的5%。而能一路过关斩将冲到国际数学奥林匹克顶峰的，则更是凤毛麟角。

如今，这项国际性数学大赛在中国已被"平民化"，大街小巷到处都是，尤其临近寒暑假，弥漫在学校附近的"奥数"培训班广告、招牌个个打得格外醒目。家长们也带着自己的孩子到处打听哪儿有好的培训班。正值人生黄金时期的儿童，却被家长拽着、哄着到处上奥数班，如同赶集一般。

孩子每天拖着疲惫的躯体回家，家长们虽然看在眼里，疼在心里，却依然不顾培训班的天价收费，奉行"升学"主义，对其热捧。"奥数"何以如此来势汹汹？重点中学将

"奥数"与升学挂钩的潜规则让家长和孩子无能为力。

小专题 25

古今之镜
——潜规则

古今皆有潜规则,《潜规则》作者吴思说:潜规则便是"隐藏在正式规则之下、却在实际上支配着中国社会运行的规矩"。

"潜规则"渗透于社会各行各业,官场、职场、教育、婚姻、娱乐圈……无处不在。潜规则是交易双方依据对方和自己的利益,在交易互动中自发形成的,但除了以私下规则交易的双方,还有代表正式规则的第三方。第三方的存在,恰恰证明了潜藏在正式规则背后的私下行为约束。这种约束减少了互动方的冲突,降低了交易成本。但在小部分利益得到满足的同时,也背离了正义观念或正式制度的规定,有时甚至触犯了法律,违背了道德良心。

"奥数"并非适合每个人学习,也并非定要作为升学的考核标准。人们早已忘了它真正的价值、意义与学习它所应遵循的规律,由它衍生的培训现在也变异成一种商业行为。

反驳的那位小学生发表的一派言论,想必是其父母

"升学"主义之再现。不过从小朋友说的"奥数"到"养家糊口"这一整套路线来看,似乎应当在中学和大学阶段分别再加上"高考名师"和"热门专业"这两股,"奥数人生"的八股文方算完整。

至于让全国高中生及其家长们最为牵挂的高考,以及进入象牙塔的学子们不拿下誓不罢休的英语四、六级考试,自然已无法从试题角度去数它们到底各有"几股"。然而"眼光长远"的家长、教师、学校等一系列教育角色,从幼儿园、小学就已经开始策划这档子事,抱着只要孩子能考上大学其他什么都可以不顾的信念。于是,高考的学生们品德如何,先不管;言行举止如何,先不管;待人接物如何,先不管;独立生活能力如何,也不管。

现在有的大学校园里挂着"吸烟有害健康"的公益广告牌。有名大一新生还未上高中就开始抽烟,当被问到为何年龄不大就已有如此长的烟龄时,他说上中学为了高考而熬夜读书,借香烟以提神。父母知道香烟有此功效,也就未加阻拦,不料待考上大学后却已戒不掉了。

历经寒窗,进入梦想的大学之门,一些学生最大的动力便是追求各类必需的证书与学分。于是,选课先看学分多少,参加社团活动、竞选学生干部亦径直为学分杀来。校园里充斥着背英语单词的声音,树林里、课堂上、图书馆、水塘边，日日夜夜，到处都是学习英语的身影，大学宛如一个四、六级考试培训班。

更要命的是，只要四、六级证书一拿到手，那苦背万遍的词汇手册和英语词典或弃之荒野，或售为废旧的现象屡屡可见，考前堪称刻骨铭心、过目不忘的英语单词也随之烟消云散。何也？文凭使然，功利心使然。

想当年八股取士，考生们只为完成八股格式、得取功名而并不顾其他。如今考生虽无八股之文可作，然就其盲目跟风培训，争拿学分、文凭，丝毫不反思自己是否有真才实学来说，可谓继承了"八股"之真精神。

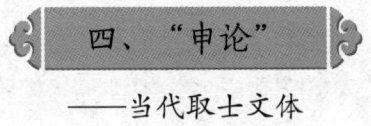

四、"申论"
——当代取士文体

申论，引申而展开论述之义，源自古人"申而论之"一语，主要指针对特定话题提出自己的观点，并展开论述。2000年，申论首次出现在国家公务员考试中，以后逐渐成为其基本科目。

申论是专用于选拔录用国家公务员的应试文体，它适当借鉴了古代科举应试中"策论"的一些经验与做法，要求考生针对重大的现实政治问题展开论述，论证国家政策或对策的可行性与合理性。不过"策论"大多要求应试者就一些重大问题展开论述，而申论则要求应试者从一大堆反映日常问题的现实材料中去发现问题，并解决问题，侧重考察应试者解决问题的能力。另外，申论在形式上也比"策论"更加灵活多变。

国家公务员考试被称为"国考"，是为中央、国家机关选拔人才以行使国家行政权力、执行国家公务的全国性考试，相当于古代科举考试。申论则是名副其实的当代取士文体，它不仅形式灵活多样，内容也涉及广泛，把现实问题的针对性与背景材料的广泛性结合在一起。申论考试没有标准答案，但老师在阅卷时会同时考虑到文字功底与解决实际问题的能力，强调前瞻性和创新性，目的在于为国家选拔具有实际工作能力的创新型人才。

相较之下，申论是对古代科举考试与传统作文考试的反思和发展，更为八股文体所不能及，它含有儒家教育中深厚的"学而优则仕"、学以致用等精神。

五、"学而优则仕"与"子奚不为政？"

相信现在很多大学生有一个共同的苦恼：所学专业在实际工作中大多用不上。学子们不免再度感叹和迷茫：现在的教育成了应试教育！儒家教育能有什么用？还能给我们什么帮助？

历史证明，尽管科举、八股取士制度这棵参天大树结有数不清的千古风流人物、品不尽的万古流芳之作，累累硕果，但仍随着专制皇权的衰退、没落而逐渐僵化、腐朽，最终为时代所取代。而高考、四六级、公务员考试作为中国现当代考试教育制度的代表，在经过科学的论证和实践之后也正在为人才的培养、国家的建设和社会的进步发挥着不可替代的积极作用。二者孰优孰劣？似因时代之不同而各有特色，难分伯仲。我们今天之所以回顾科举、八股取士的历史，其目的就在于反思当今考试教育制度所存在的问题和对考试教育的价值认知，并使其进一步完善。

小专题 26

文史小专题
——何谓"八股文"？

八股文是一种命题作文，但要求严格固定，题目必须从《四书》《五经》中摘取，根据程颐、朱熹的传注阐发题旨，模仿古人语气，并在韵律、用词、字数上都有相应的要求。

八股文体包括：破题（点明题义）、承题（承接所破之题加以说明）、原题（说明本题发言原委）、起讲（进一步发挥、补充题义）、入题（领题，将题义接入正文）、起比（提二比）、出题（即点题，若入题部分已点题，此处则无需）、中比（中二比）、后比（后二大比）、结比（束二小比）、大结（全文收结）。从破题到入题属于八股正文题前部分，起比、中比、后比、结比则是八股正文。比即对，四比都有两股互相排比对偶的文字，共八股，故称"八股文"。

有人问孔子："你怎么不去做官从政呢？"孔子回答："《尚书》说'能做到孝敬父母、友爱兄弟，就能将这些施行于政治'，既然这就是从政，我只要能做到就好了，何必再专门去做官从政？"鲁定公（公元前509—公元前495年）年间，孔子曾不出仕任职，有人觉得这与孔子一向主张学而入仕相矛盾，故发此疑问。

孔子有生之年官场并不得意，这样的人生境遇不免令他自问。2010年初上映的电影《孔子》中，有一段"孔老对话"的镜头：

孔子拜在老子面前，老子问道："孔丘啊，当今之世王纲失序，天下纷乱，可你还是要一意孤行，推行礼乐仁义吗？"

"丘惭愧，一无所成。"孔子回答。

"那就索性放弃吧。名爵者，功器也，不可久居。"

"那弟子何去何从？毕竟不能像葫芦一样，挂在门楣上，无用于世。"孔子追问。

"无用安知不是大用？弱则生，柔则存，天下莫弱于水，而攻坚者莫之能胜。上善若水啊！"

"先生微言大义，吾道一以贯之。先生的道是大象无形，超然物外，无限于世间。而我的道，则在人间。"孔子的脸上充满着坚毅的神情。

"那就不要在意天下的误解吧。富者赠人以金，我没有金子，就赠你这几句话吧。"老子如是劝导。

孔子想要实现"天下为公"的大同理想，不愿让自己的一生像空悬在门上的葫芦一样系而不食，无所作为。但屡屡四处碰壁、终身不受用于世的现实境遇与孔子的高远志向发生着激烈冲突。

电影中老子劝解孔子的故事真假与否并不重要，关键在于孔子决定不做空悬葫芦的同时，就已经坚信自己能做到"磨而不磷，涅而不缁"，不会被纷乱之世所污染，不会与之同流合污。孔子后来虽未出仕从政，却悟出了做到孝悌仁爱即是为政的道理，将儒家之道施行于人间，永世流传。孔子确实未被当权者任用,但也亲身实践了老子无用方为大用的道理。

后世尊孔子为圣人,以儒家"内圣外王"、治国平天下为目标,自幼发愤苦读以图做官出仕、改变命运,却忘了还有"仕而优则学"与"学而优则仕"并行。

我们忽略"仕而优则学",全部瞄向了"仕"。对儒家教育理念理解的偏颇,导致当今教育过程中一些人产生读书无用论,单纯重视学历、文凭,只为找个好工作,这样怎么会有真才实学呢?还不是沽名钓誉、巧取功名?

1949年9月,《人民日报》著名记者金凤在访问刘伯承的谈话中,说起她正在看《联共(布)党史》,还打算读《资本论》,但又怕啃不动,就开始学俄语。当刘伯承得知金凤在清华读的是英语专业时,便问她为什么把英语丢了学俄语。

金凤笑着回答:"现在英语有什么用?大家都在学俄语呀。毛主席不是说,要一边倒,要走俄国人的路吗?"

不料,刘伯承突然严肃起来,正色道:"哦,那是指政治上说的,不要把它随意引申和曲解。外语不过是一种工具,不过要真正掌握它也并不容易。"然后又语重心长地说:"学习,一定不要赶浪头,赶时髦。要考虑自己的条件,从实际出发,循序渐进,扎扎实实,学一门就要努力学到手。英文怎么会没有用处？我劝你不要把英文丢了，目光要放远一些。"

英语成为世界通用语言，刘伯承元帅长远的教育眼光令人赞叹。赞叹之余，又不免感慨的是，几十年来中国刮起学习英语的流行风，已是愈来愈烈了。

试想孔子在世之时，终身奉行其道而不违，一以贯之，即便如丧家之犬也固穷不滥，可谓将所学融入自己的生命中，此乃真正的"致用"。而孔子对"子奚不为政"的回答，正是对误解"学而优则仕"的纠正，当代大学生们无用武之地的苦恼也可因此而解。

经世致用乃儒家教化之归向，孔子的仁爱之道行在人间，施于父母、兄弟、朋友乃至每一生命。大同理想的实现，在于生活中的一举手、一投足。经世致用既然是归向，就应该是生命之所向，是生命本身。大学生们，莫再随一时的风气东倒西歪，受其左右了。无论是你们的专业，还是你们的工作，抑或体能、智力，将其与世人、与生命同在，皆乃大用矣！

第五章 壹是皆以修身为本

——反省自修乃儒家教化之根基

阳春三月，和风微拂，齐乐于明媚的春光之下。你能想象这种和悦的景象吗？与人相处，也会有这样的感受，你相信吗？

北宋时，朱光庭是程颢的弟子，他在汝州听程颢讲学，如痴如狂，听了一个多月才回家。回到家中，逢人便夸赞说："光庭在春风中坐了一月。"

朱光庭把听程颢讲学比喻为在春风中坐了一月，就是因为程颢道德修养境界很高，对人一团和气，对事从容洒脱，无严厉呵斥之声。与程颢相处仿佛坐在和暖的春风中一般，在关爱中受到教诲。

教育是施教与受教双方的互动过程。所谓"身教重于言教"，弟子在老师的人格感召下如沐春风，不期然间，情操得到陶冶，德行获致提升。儒家教育这一点与单纯传授知识截然不同。

"自天子以至于庶人，壹是皆以修身为本。"（《礼记·大学》）离开修身，齐家、治国、平天下则为无源之水、无本之木。儒家教育以修身为根基，无论是老师教育学生、父母教育子女，还是君上教化民众，都首先离不开教育者和受教者双方对自己身心的一番修养工夫。

对受教者而言，修身为学习内容之首；对施教者而言，修身为教育过程之前提。对儒家教育而言，必从修身入手，方可见道。故教者初受教时，即跟从师辈，以修身为学业之先务；学成教育他人，亦以修身为首而教之。

德行先于知识，是儒家教育的显著特点。程子言"初学入德之门"，正是儒家之学以德为先，修身重于智识的明证。儒家如何修身呢？

一、志存高远

毛泽东青年时代考入湖南第一师范，入学后第一堂课便是板仓先生杨昌济所讲的《修身与立志》。

板仓先生开门见山地说："何谓修身？修养一己之道德情操，勉以躬行实践，谓之修身。古人云：修身、齐家、治国、平天下。也就是说，修身是一个人，一个读书人，一个想成为堂堂君子之人的第一道门槛。己身之道德不修养，情操不陶冶，私欲不约束，你就做不了一个纯粹的人，一个高尚的人，一个精神完美的人，齐家、治国、平天下这些作为就更无从谈起。那么，修身的第一要务是什么呢？两个字：立志！"

杨昌济是一位"欲栽大木柱长天"的教育家，毛泽东在与斯诺谈话时也曾提起昌济老师给他印象最深,认为杨昌济是在努力鼓励学生立志做一个公平正直、品德高尚和有益于社会的人。

杨先生在黑板上用力写下"立志"二字,转过身来继续讲道:"孔子曰:三军可夺帅也,匹夫不可夺志也。人无志,则没有目标;没有目标,修身就成了无源之水。所以,凡修身,必先立志。志存高远而心自纯洁!"

王阳明十二岁那年,向塾师提出了一个很不寻常的问题:"什么是天下第一等事?"塾师回答说:"当然是勤学苦读,他日科考登第,入朝为官。"而少年王阳明却直言不讳地反驳:"科考登第、入朝为官恐怕并不是第一等事,天下真正的第一等事应该是读书学做圣贤吧!"

王阳明的父亲、曾考中状元的龙山公王华听到这话,笑着问儿子:"你想做圣贤吗?"这位少时就立"做圣贤"之志的阳明先生,最终成为明代著名的文学家、哲学家、思想家、政治家、军事家,"心学"流派之集大成者。

小专题 27

儒学小知识
——宋明理学派系

宋明以来形成占主导地位的儒家哲学思想体系——宋

明理学，主要包括以下学派：周敦颐的道学派，邵雍的数学派，张载、罗钦顺与王夫之的气学派，程颢、程颐与朱熹的理学派，胡宏的性学派，陆九渊与王阳明的心学派，陈亮与叶适的事功学派等。

志存高远，则心自高洁；志存卑下，则心自卑猥。有何种心，便是何种人。一心欲为盗奸之事者，又怎么能成为君子贤人！当年王阳明若无少时便立得"做圣贤"此等高远志向，则恐难成为儒学史上如此璀璨之星；毛泽东在青年时代即高尚其理想，后来领导中国革命，成为一代不朽之伟人，这与其受得像杨昌济这样的教育家之言传身教也是有关系的。若要身得以修，必先志存高远；身之得修与否，要在此心方寸之间。正如《大学》所言，"欲修其身者，先正其心""心正而后身修"。

二、持志养气

人生来便能辨音声色味、饥饱寒暑，在感知自身和外界环境的变化后产生相应的心理、情绪、行为等反应，就像荀子说的"饥而欲食，寒而欲暖，劳而欲息，好利而恶害。"因此，也就有了喜、怒、哀、惧、爱、恶、欲等

"七情六欲"。这些情绪、欲望,也被儒家称作"气"。

有志之人立长志,无志之人常立志。王阳明曾说,人的欲望会导致"初学时心猿意马,拴搏不定"。毫无疑问,一个人虽心存高远志向,但在实现志向过程中难免会受到各种挫折与阻碍,诱惑与吸引,从而产生骄傲、自满、懒惰、恐惧、贪乐、犹豫之情,最终影响到目标的实现,使心中原有的高远志向付之东流。

唐玄宗李隆基出生在武则天主政时期,从小就经历了错综复杂的宫廷变故,这对他意志坚定的性格形成有很大促进作用。李隆基幼年便立大志,在宫廷里以"阿瞒"自诩。虽然他并不被当时掌权的武氏族人看重,但其言行依然很有主见。

李隆基七岁那年,朝堂举行祭祀仪式,他见金吾大将军武懿宗大声训斥侍从护卫,马上怒目而视,喝道:"这里是我李家的朝堂,干你何事?竟敢如此训斥我家骑士护卫!"顿时弄得武懿宗看着这个小孩儿目瞪口呆,十分尴尬。武则天得知后,不但没有责怪李隆基,反而对这个年小志高的孙子倍加喜欢。第二年,李隆基便被封为临淄郡王。

小专题 28

文史小专题
——古代官职：金吾

金吾，传说为太阳上的三足神鸦，能除不祥事物。天子出行，官吏持金吾之象开道，作为防御非常事件发生的象征，故以"金吾"之名任命负责皇帝大臣警卫、仪仗以及巡查京师、掌管治安的武职官员。其名称、体制、权限历代多有不同，汉有执金吾，唐宋以后有金吾卫、金吾将军、金吾校尉等。

唐中宗死后，李隆基因消灭韦皇后一派有功而被立为太子。公元712年，睿宗禅位于李隆基。第二年，李隆基先下手为强，亲自率领兵马果断地除掉了太平公主及其手下。当年，李隆基改年号为"开元"，表明自己再创唐朝伟业的决心。

唐玄宗登基之后，知人善用，励精图治，开创了历史上著名的"开元盛世"。也就是在这时，唐玄宗滋生出了骄傲怠惰情绪，整日沉溺于享乐之中。不但逐渐疏远张九龄，罢免其宰相职务，而且还任用口蜜腹剑的小人李林甫为宰相。李林甫任相期间，许多正直而有才能的大臣遭到排斥，善于拍马溜须的小人佞臣受到重用，严重损害了唐朝政治根基。

唐玄宗对此并无反省，又将自己儿子的妃子杨玉环强行召进宫，封为贵妃。"一骑红尘妃子笑，无人知是荔枝来。"唐玄宗对杨贵妃无比宠爱，杨氏兄弟也得以"鸡犬升天"，整日凭借裙带关系专权乱国，胡作非为。唐玄宗在位后期沉湎酒色，荒淫无度，重用奸臣，政治腐败，终于爆发了"安史之乱"，"开元盛世"所创的伟业也由此转盛为衰。

"气壹则动志。"（《孟子·公孙丑上》）过度沉湎于情欲会对心智产生损害，以至于把持不稳心存志向，更谈不上志向的实现了。但心智统帅肉身情欲，它也是能够"动气"的。并不能为了心智而不顾肉身情欲，甚至使其受损、暴乱，即"暴其气"。比如《黄帝内经》中说思虑过多就会影响食欲，饮食不香，即是如此。反之亦然。

唐代著名书法家柳公权幼年写字很差，受到老师和父亲多次批评。柳公权在明白一些事理后，为之羞愧，决心要写出一手好字。于是，他不舍昼夜地认真琢磨，勤学苦练。十多岁时，柳公权的字在方圆数里之内已算出类拔萃，他也因此自鸣得意起来了。

书法中有句话人人皆知：神笔难写"飞凤家"。一天，柳公权正在门口的大桑树下练这三个字。数遍之后，自觉非常满意，于是提笔写下"会写飞凤家，敢在人前夸"，贴在树上。

一个卖豆腐脑儿的老头看到柳公权写的诳语，不禁觉得这个孩子年轻气盛。他捋着胡须，沉思片刻，皱起眉，摇了摇头说："你的字还差得远呢，看着就像我的豆腐脑儿一样，根本没有力度，你又有什么值得骄傲的呢？"

柳公权一听，很不高兴，不甘示弱地说："这附近没有一个人能比得上我的字，别人都夸我写得好，你有什么不服气的？"老人语重心长地说："我也不必多言，你有机会去华原县找字画汤吧！"说完就走了。

第二天一大早，柳公权就来到华原县城，寻找字画汤，看看他究竟有多大本事。一进城门，他便看见一条白布幌子挂在一棵大槐树上，上书三个字：字画汤。树下一个老头，长得清瘦，没有双臂，正在用脚写字。只见他运笔如神，龙飞凤舞，围观的人们禁不住拍手叫好，喝彩阵阵。

柳公权幡然醒悟，想起昨日自己凭那点花拳绣腿，竟然还敢口出狂言，自以为天下第一。他跪在老人面前，恳求其收己为徒。老人说："我年事已高，没有精力教学生，你还是回家去吧！"

柳公权苦苦哀求，老人最后说："这样吧，我给你两句指点，你若真正按照我说的去做，定会有所成就。"说完在地上铺了一张大纸，用右脚提笔写道：写尽八缸水，砚染涝池黑。博取百家长，始得龙凤飞。

柳公权将老人的话牢刻于心，回家以后发愤练字。既学习颜体的丰满，又学习欧体的圆润；既学习字画汤的狂放，又学习馆阁体的娟秀。他还注意观察大自然的一些现象：看人家屠宰牛羊，观察其中的骨架结构；看天上的大雁，水中的游鱼，把自然界各种形态都转化到书法艺术中。最终，柳公权成为一代书法大师。后来他经常感叹道："要不是当年遇到那位卖豆腐脑儿的老头，恐怕我就被自己的狂妄埋没了。"

柳公权从立志写出一手好字到产生骄傲自满之情，再到经人指点而有所醒悟，最终发愤努力实现自己的理想。这期间起决定作用的，还是柳公权把持心志并正确导向自身，克服掉原有的骄傲、狂妄，并更生出刻苦发愤之情、敏锐细致之意。

唐穆宗玩物丧志，不关心朝政大事，柳公权也利用谈论书法向上进谏："写字用手，运笔在心，心正则笔正。"柳公权笔谏穆宗之言可谓其心语。

"气"充斥于人的身体，既不可能丢弃，也不能使其暴乱而任由其所为，应该有所存养。"气"如何来存养？

其实具体方法并不固定。正所谓"不必远求,近取诸身",不必想得那么高远,我们只要心怀诚敬地从自身做起就可以了。关键在于"心勿忘,勿助长",既不能随意舍弃,也不能刻意造作,让身心相统一。二程就批评过当时的学者仅以正确、深刻的道理来养心,并无适当的仪容、礼节、文饰、音乐、舞蹈、运动等来养自己的身体,没有做到心与身的内外合一,和谐相处。

著名的苏联教育家苏霍姆林斯基曾说:"志向是天才的幼苗,经过热爱劳动的双手培育,在肥田沃土里将成长为粗壮的大树。不热爱劳动,不进行自我教育,志向这棵幼苗也会连根枯死。"

长久持志于心,踏实积累,刻苦追求,而不急于求成。最终去除陋习,养成一身正气,实现自己的理想。只要正确地认识到"志"与"气"的关系,以"志"帅"气",持志养气,就可以避免自身情欲对心智的负面影响,并使之更好地辅助心智以实现志向。

现在回想一下孔子的温、良、恭、俭、让之貌,不正是从自身做起的吗?孟子之所以善养其浩然之气,不正是用心做自己该做的,既将自己所向往之志记于心间,又不像揠苗助长的宋国人那样妄意乱为吗?柳公权练书法,少年时期与后来发生了变化,并没有被自己的狂妄自大情绪淹没，这不也正是心智对自身情绪、行为的存养吗？

小专题 29

成语典故
——揠苗助长

揠苗助长出自《孟子·公孙丑上》："宋人有闵其苗之不长而揠之者，芒芒然归，谓其人曰：'今日病矣！予助苗长矣！'其子趋而往视之，苗则槁矣。"宋国有个人总是焦虑自家的禾苗长得慢，就跑到田里把禾苗挨个往上拔了拔。回到家说："今天真累！总算让禾苗长了一些。"他儿子跑到田里一看，禾苗早已枯死了。"揠苗助长"比喻不顾事物本身的发展规律，急于求成，反把事情弄坏。

三、诚意慎独

"欲修其身者，先正其心。欲正其心者，先诚其意。"当我们都在提倡和呼吁当今社会建立诚信、提高道德修养的同时，是否回头思考过：我们自己可先有诚意？

俄国著名小说家、戏剧家契诃夫有一篇名为《柳树》的短篇小说，写的是一桩抢劫杀人案。看过这个故事的朋友都知道，抢劫杀人的马车夫后来跳水自杀了。自杀的最大原因还是在于自身良心发现而心中不安，以致觉得无法活在世上。

有无诚意，我们自己最先知道。进了臭气熏天、污秽不堪的厕所，我们就会捂住鼻子，觉得恶心。看到貌美如仙的女子或一盘美味佳肴，我们也会被美色深深吸引，产生恋慕之情；或被美食逗得口水直流，食欲大增。

无论是"恶恶臭"还是"好好色"，我们的好恶之情是发自内心的一种诚意，没有丝毫遮掩。也只有在这个时候，我们心安理得。如果让我们在自己吃的阳春面里看见了苍蝇后，还端着碗大声地说："真香，再来一碗！"或是让我们看见喜爱的事物时还厌恶十足，甚至冲上前去将其毁掉。这样的言行举止，我们做得出来吗？即便这样做了，我们也不心安，更没有诚意。

"所谓诚其意也，毋自欺也。"只有不自欺，才能不欺人。正如朱熹说"欺人亦是自欺，此又是自欺之甚者"。做到了真正的不自欺，方可谓"慎独"。被时人誉为"关西孔子"的东汉名臣杨震即是如此。

杨震明经博览，才学高绝，曾历任刺史、太守、太尉、司徒等职。其人生性耿直，不畏权贵，为官清正廉洁。《后汉书》赞云："先公道而后身名，可谓怀王臣之节，识所任之体。"

杨震任荆州刺史时，曾举荐儒生王密为昌邑县令。后来，杨震调任东莱太守，途经昌邑。王密闻讯，专程前往邑界迎接，安排膳宿。当晚，举主门生二人畅叙旧情，尽欢而散。

杨震回到驿馆，正欲解衣安寝，忽闻叩门，启门一看，原来是王密。杨震以为他深夜又来，必有要事，忙请其进屋。

王密环顾屋内无他人，便掏出藏于怀中的十斤黄金说："学生本一介寒士，蒙恩师举荐提拔，方有今日前程。日夜图报，苦于无时。今日天赐良机，愿恩师笑纳。"

杨震对王密此举深为不满，冷言道："昔日我因知你德才尚可，方荐之以县令，你何以如此不晓我之为人。"王密笑着解释："暮夜并无人知，大人受之无妨，学生下不为例。"

杨震脸露愠色，厉言道："天知、神知、我知、子知，何谓无人知晓？入仕为官，贵在清廉，若以不为人知暗中纳贿，岂非盗名欺世！快将金子收回，如不改过，我即奏于朝廷，将你罢官免职。"王密满脸愧色，深感无地自容，连说"学生知罪"，慌忙怀金告退。

人在独处、私宅及非公共场合仍能心怀诚意而不自欺，表现于外在言行则必然是谨慎不苟。修养境界高的德性君子，言行即使在未被他人闻睹的情况下，仍然保持自我警戒。古人"不愧于屋漏"，正是"慎独"的体现。杨震的"四知"可谓"诚于中"而"形于外"之范例。

小专题 30

经典补给站
——《诗经·大雅·荡之什·抑》

《诗经》曰："视尔友君子，辑柔尔颜，不遐有愆。相在尔室，尚不愧于屋漏。无曰不显，莫予云觏。神之格思，不可度思，矧可射思！"

译文：看你结交君子之友，颜色和安，毫无差错。看你身处私室之内，仍不愧于屋之暗角。勿言"暗室不显，没人能把我看见"。神之所思，非人能谋算，更何况去任意揣度！（屋漏：古代室内西北隅，施设小帐，安藏神主。因此角阴暗，故借此喻人所不见之地。）

四、择善固执

"诚，信也。"日出月落，春去秋来。我们之所以毫不怀疑，就是因为天道运行，诚实可信。"诚者物之终始,不诚无物。"诚,才使事物有始有终,得以完成。日月运行之终始,使世界万物发生不同变化;言行有始有终,做事才能有所成就,为人信用。天体运行变化诚实无疑,人的言行举止也应当诚信无欺,即《中庸》中所言:"诚者,天之道也;诚之者,人之道也。"

如何"诚之"?《中庸》云:"诚身有道,不明乎善,不诚乎身矣。""诚之者,择善而固执之者也。"

若要诚身,则必先明善。明善而择,并坚持不懈,方可"诚之"。固执,在今天为贬义。而择善固执,却是儒家教育的修身之道,入德之门。

香港影坛演员成龙,从当武师、做替身、饰演小角色闯进影视圈,到进军美国主流电影市场,成为国际巨星和第一位成功打入好莱坞的香港影星,成龙经历了体肤的伤痛、票房的惨败、心灵的恐惧、失落与茫然,甚至在郁郁不得志时曾决心退出演艺圈,回到澳洲父母身边。在建筑工地运送混凝土,去餐馆打下手,在酒吧间学调酒,……但当成龙把握住第一次担当主角的机会之后,便一路坚持,认真拍戏,不断创新。

成龙说:"我不希望别人提起成龙时只知道他是动作英雄,我想要当真正的演员,只有演员的生涯才能长长久久。我想做像达斯汀·霍夫曼和罗伯特·德尼罗一样的演员,什么剧本也难不倒他。"

拍戏不用替身,是成龙吸引观众的一大特色。但那被踢掉的牙齿,被打凹陷的头骨,被踢伤的眼角,受伤的眉骨,被撞裂的鼻骨,受重伤的下颚、颈骨,被撞至移位的面颊骨、脊椎骨,扭伤的大腿和受伤的肩膀、左肋、膝盖、脚踝,还有因受伤失去知觉,几乎窒息,差点瘫痪,脑出血,下半身不能活动,遭剑砍伤而血流满地,……却是成龙展现魅力所付出的血肉代价。有人担心,成龙会因受伤留下许多痛苦的后遗症。而我们又不得不承认,这正是成龙以"固执"精神面对自己事业的血汗印证!

成龙深知"一切贵在坚持"的道理。事实上,成龙离开演艺圈回到澳洲干活时也很认真,做得很出色。但成龙的理想是当真正的演员,尽管因学习成绩很差,从小就被父亲送进了京戏班,而与戏班签订10年的合约、"要当真正的演员"确实是成龙自己的抉择。

"大学之道,在明明德,在亲民,在止于至善。"何为"止于至善"?就像鱼儿适合生活在水里,青蛙则是两栖动物;鲖鱼要迁移洄游,候鸟则冬去春来。这些都是自然本来之性,与之相符即为至善。人为万物之灵,能够主动认识并选择,在社会、人生中坚持自己应做的事而努力不懈,最终达至完美境界,即为"止于至善",正如儒家

"为人子止于孝、为人父止于慈"之类。

成龙选择了适合自己的电影事业，一路坚持，获得成功，止于至善。既达到了自己的目标，又为影视界所推崇，给广大影视观众带来了乐趣和满足，可谓"己欲达而达人"的仁人君子境界。

"我颠颠又倒倒好比浪涛，有万种的委屈付之一笑。我一下低，我一下高，摇摇晃晃不肯倒……不喊冤也不求饶……"

"把握生命里的每一分钟，全力以赴我们心中的梦。不经历风雨，怎么见彩虹，没有人能随随便便成功。"

成龙真诚地对待自己的事业，真诚地面对自己。每一位"固执"君子，之所以能"衣带渐宽终不悔"，恐怕不是"强乐"以为之，必是要"择善"方体会得了其中真正的趣味，而乐其所为。让我们以儒家的乐观主义精神择善固执，止于至善。

五、人皆可以为尧舜

尧、舜均为上古时期的贤明君主，皆因其子不肖而将帝位禅让于他人，"终不以天下之病而利一人。"尧、舜不仅德行修养无人能比，同时也有着超凡出众的智慧与齐家治国平天下的能力。尧"其仁如天,其知如神",舜"年二十以孝闻,年三十尧举之,年五十摄行天子事"。他们的德行与智慧为诸子百家、世代后人仰止,尤其被儒者尊为"圣王",成为儒家入世作为,追求"内圣外王"的最高典范。像尧、舜如此高不可攀的境界,何以人人皆可为之呢?

战国时期,曹国国君的弟弟曹交请教孟子:"人人都可以成为尧、舜那样的圣王,真是这样吗?"

"没错。"孟子回答。

"我听说当年文王身高十尺,商汤身高九尺。而我身高九尺四寸,却还吃着闲饭,一事无成,是何缘故?"曹交感而不解地问。

孟子笑笑说:"怎么会这样呢?关键问题在于要自己努力去做啊!有人在这一点上,所付之力不及一只幼小的禽兽,此乃无力之人;而那些为此付出千斤之力的,则是有力之人。

乌获是古代有名的大力士,你若能努力承担乌获所担负的重任,也就和乌获一样了。人怎么能担心自己不能做呢?担心的是不去做罢了。敬服、顺从而慢行于长者之后为'悌',抢行于长者之先则为不悌。徐徐慢行,谁做不到呢?只是不去做罢了。

尧、舜所行之道，就是孝悌。你若佩戴、使用与尧相同的服饰、器物，述说、记诵尧的言辞，与尧的行为相同，那你就与尧无异。同样，你若佩戴、使用与桀相同的服饰、器物，述说、记诵桀的言辞，与桀的行为相同，那你就和桀一样。"

曹交听后若有所悟，说："我已见过邹国国君，可以假借馆所在此居住。我愿意留下来在您门下学习。"

孟子笑着指点曹交："圣王之道就像大路一样显而易见，有什么难理解的呢？问题在于人不主动求知。你还是回到曹国去寻求吧，肯定在许多方面都能找到老师。"

孟子认为人皆可以为尧、舜。就儒家而言，这不仅是个人修身的最高目标，也是儒家教育理念中一个自然而然的过程。圣王之道看来好似高不可攀，但我们只要按照生活中的日常道理努力去做，坚持不懈，即会发现，圣王之道实际上就存在于生活日用之间，在我们身边，在我们手头上。圣王之道并不神秘，怕的就是不去做而已。这也正是孟子最后让曹交回国拜师的原因。

在孟子看来，尧、舜的圣王之道就是最基本的孝悌之道，这是每个人应该做而且不难做到的。很多人没有达至尧舜境界，关键在于没有做到坚持。对于那些望圣王之道而却步不求的人，则更谈不上持之以恒地付出了。

阿诺德·施瓦辛格没有受过专门的表演训练，却跻身好莱坞主流影星之列。在上映多部世界经典大片之后，又于2003年11月登上政坛，担任美国加州州长，任期长达七年。

施瓦辛格有一段语录：

"要肌肉增长，你必须有无穷的意志力，你必须忍受痛苦。你不能可怜自己而稍痛即止。你要跨越痛苦，甚至爱上痛苦，别人做十下的动作，你要加倍磅数做足二十下。"

"还有，你要用不同的方法，从不同的角度去'震撼'你的每一组肌肉，令它无法不强壮，无法不结实。不要松懈，不要懒惰，没有坚韧不拔的意志，你无法取得成功！"

施瓦辛格在健美和影视方面取得了巨大成功。其实人人皆可以成功，成功首先在于坚持去做。

儒家教育认为人皆可以为尧舜。这种观点，会成为一种给求学者以信心、鼓励式的教育，寓深奥于浅显的教育。然而仍需提醒的是，尽管这是人人皆可以为尧、舜的自然过程，也会在中途堕落、腐毁。为什么呢？因为儒家之学是为己之学。

六、为己之学

子曰:"古之学者为己,今之学者为人。"孔子批评当时的学者为他人、他物而学。

为己之学者会积极主动地考虑如何学有所成,认真反省并自我提高,而非被动地依赖外界力量扶助或受他人迫使;为己之学者会树立学习的目标与理想并努力实现,而非浑浑噩噩、空虚度日;为己之学者会以学到真正的知识为目的,知行合一,而非咬文嚼字、沽名钓誉,更非抄袭剽窃、投机钻营。只有为己之学,才能使人的知识和德行皆有所长,拥有真正的智慧,身心体会到真正的快乐。

无论天子还是庶人,皆以修身为本。不修身则身坏,不修身则不成圣。儒家教育要求人人皆以修身为本,从自身修养着手,正是为己之学的根基。可见,要达至儒家之学"内圣外王"的境地,修身是何等重要!因此,为己之学者从树立远大志向开始,就会去克服自身过度的欲望,不是做给别人看,也不是为了某种名利目的,而是带着诚意向自己的理想迈进,不断坚持。而这些,是为人之学者从未考虑也根本做不到的。

第六章 四方千古之泽被

——儒家教育对后世及海外的影响

人们一定会问：产生于两千多年前的儒家教育，对今天的国人还有多少实际影响呢？在全球化日益加速的时代还有多少影响呢？请看本章。

一、中体西用下的教育奇葩

光绪二十一年（公元1895年），科举取士制度还未被废除，沈寿康就明确提出"中学为体，西学为用"，认为应该以"中学"为体、为本，以"西学"为用、为末，来发展壮大中国。"中体西用"的说法很快流行开来。

身居清政府要职的"洋务派"官员为增强国家实力，解决自鸦片战争以来的内忧外患，开始大搞洋务运动。学习西方先进科技，兴办新式企业、学堂，并派遣学生前往日、英、法、德等先进国家学习。他们同样认可"中体西用"。在"中体西用"思想的影响下，中国教育拉开了新的序幕，其中最令人炫目的则是那些新式学堂与赴欧美学习的留学生。

新式学堂大致可分为外国语学堂、军事学堂与科学技术学堂三类。由于在对外交涉中语言文字的隔阂，致使清政府外交损失极大。外语学堂如雨后春笋般地相继设立，正是为了应付外交上的迫切需要。外语学堂虽对入学年龄要求不一，但基本上都是招收年纪轻、相貌好，既聪颖又有资质的学生。除了有严格的入学考试，还要考察身世是否清白，从另一方面说这也是对门第观念的破除。

洋务运动期间开办的外国语学堂有七所，首先是京师同文馆。

因为当时外语学习风气未开，学习外语便遭国人唾骂、鄙视，被认为是投降外国，因此京师同文馆创立之初招到的学生少之又少。但馆内却不乏水平超人、态度认真的著名大师，如总负责人、美国基督教传教士丁韪良，其他外籍教师包尔滕、傅兰雅、欧礼斐、马士，以及中国教师李善兰、徐寿等。随着学堂的发展与世风渐开，京师同文馆的生源也日趋增多。

齐如山，著名戏曲理论家，十九岁便进入京师同文馆学习德文、法文，五年毕业后，游学西欧，用心学习和考察欧洲的戏剧。归国后，他遇到梅兰芳，欣赏其天才与勤奋，于是不介意比梅年长近二十岁，为其编剧，结为师友之谊。齐如山在台后为梅兰芳编剧二十多年，可谓默默无闻，但若无齐如山的介入，梅派艺术也就不会名扬四海。

作为中国受过完整、系统旧式教育的最后一代知识分子，齐如山还是一位历史学家。他大多研究社会史，因其亲身经历而掌握有生动活泼、新鲜具体的第一手资料，又擅长经史，二者相辅相成。

京师同文馆培养出齐如山这样的杰出人才，而他能够进京师同文馆读书，游学西欧再归国研究戏剧、历史，这与当时中国的"中体西用"教育实在有很大关系。

另外六所外国语学堂分别为：

上海同文馆。同治二年（公元1863年），江苏巡抚李鸿章仿照京师同文馆，奏请允准，在上海设立上海同文馆。四年后，上海同文馆改为上海方言馆。光绪二十四年（公元1898年），上海方言馆与江南制造局炮队营裁并，改名为江南制造局附设工艺学堂，后定名为兵工学堂及中学堂。

广州同文馆。同治三年（公元1864年），广州将军瑞麟仿上海同文馆奏请在广州设立广州同文馆。光绪二十八年（公元1902年），广州同文馆并入广州驻防中学堂内。

新疆俄文馆。光绪十三年（公元1887年），新疆巡抚刘襄勤奏请在省城迪化（"乌鲁木齐"旧称）设立新疆俄文馆，仿京师同文馆章程办理。

台湾西学馆。光绪十三年（公元1887年），刘铭传奏请仿京师同文馆章程，在台北设立台湾西学馆。

珲春俄文书院。光绪十四年（公元1888年），吉林将军长顺仿京师同文馆章程，在珲春设立珲春俄文书院。

湖北自强学堂。光绪十九年（公元1893年），张之洞奏请在武昌开办湖北自强学堂。

新式学堂还有军事学堂，如福州船政学堂、上海江南制造局操炮学堂、天津水师学堂、广东水陆师学堂、北洋旅顺口鱼雷学堂等十五余所，大致可分水师、武备和军事技术三类。

科学技术学堂共创办了十四所，如福州电报学堂、天津医学堂、山海关铁路学堂、湖北算术学堂、南京矿务学堂、江南储材学堂等。这些学堂既能满足当时国防需要，也能推进资本主义工商业发展。

小专题 31

教育之声
——《奏定学堂章程》初等小学堂一年级修科课程表

科目	修习内容	每周时数
修身	摘讲朱子《小学》、刘忠介诸人等有益风化诗歌	二
读经讲经	读《孝经》《论语》每日四十字	十二
中国文字	习字，附讲动静虚实名字之区别	四

续表

科目	修习内容	每周时数
算术	二十以下之算术加减	六
历史	乡土之大端故事及本地古先名人事实	一
地理	讲乡土之道路，寻筑古遗迹山水	一
格致	讲乡土之动植矿	一
体操	有益之运动及游戏	三
合计		三十

出国留学作为培养"西学"人才的极好方式，清政府于19世纪70年代开始有计划地实行。1872年8月11日，30名拖着长辫，穿着长袍，脚着厚底布靴的幼童由上海登船，赴美留学，开中国近代留美教育之先河。

这次留美的倡导者、组织者是容闳，他以国家日趋文明富强之境为志，主张向西方文明学习，"以西方之学术，灌输于中国"。毕竟传统习惯过于强大，尽管容闳派遣幼童的计划得到清政府批准，但招生工作困难重重。加之大多国人对外国情况一无所知，误以为西方国家蛮夷遍地，孩子去了会被剥皮展览，于是不愿送孩子出国留洋。家长还要交付"甘结"，更让人觉得留学是一件恐怖的事。即使那些开明的家长，也是在经过反复劝说之后，怀着无比沉痛的心情，勉强答应。

一批批学子跨洋过海，留学欧美，成绩卓著。在这些人里，涌现出许多近代中国著名的思想家、教育家、语言学家、铁路矿务专家、军事将领，他们为近代中国的发展建设起到了很大的作用。

新式学堂和留学教育培养出了大批优秀的近代中国人才，他们自幼接受中国传统的儒家教育，同时又有机会学习西方科学技术知识，甚至留学海外，算得上是古今中西会通之才。这些才子们，很多人既有深厚的传统文化底蕴，又有接受外来事物的开阔眼界，既保留了"国魂"，又促使儒家教育在近代中国的变革中发展，郁郁文风。

二、东瀛儒风

儒学走向世界的第一站是朝韩一带。从汉代开始，儒学就以经学的方式传入朝鲜，朝鲜当时作为中国的郡县，使用汉字，诵读经传。

大约公元4～5世纪，儒学从朝鲜"百济国"传入日本。随着儒学的发展，日本相应地受到儒学浸润，儒家教育的思想和方式普遍为日本社会接受。1603年，日本德川家康登上统治宝座，创立幕府，开始了长达二百六十余年的"德川时代"。这一时期，程朱理学广被日本，特别为德川家康及其后继者看重。他们认为若要做主天下，"不可不通《四书》之理"。在德川时代，无论是幕府还是天皇，都很重视朱子学，将其定为官学，大量刊行儒家经书，推行儒家教育，大名的统领们也纷纷响应。就在这时，江户出现了一位中国儒者——朱舜水。

小专题 32

文史小专题
——幕府、大名

幕府指旧时将帅办公之地，后泛指衙署。日本幕府是明治维新前执掌中央政权的军阀，权力凌驾于天皇之上。常以"挟天子以令诸侯"的方式对国家进行统治，其最高权力者为征夷大将军，亦称"幕府将军"。日本历史上共经历了镰仓幕府、室町幕府、江户幕府三个幕府历史时期。

日本封建制度时代，某些土地或庄园的领主为了保护家园，大多拥有其所属武力，相当于中国古时的护院、护卫。规模大者甚至成为统领一国的领主。领主又称"名主"，大的名主简称"大名"，相当于中国古代的诸侯。

朱舜水因顺治（公元1643—1661年）年间反清复明失败而逃亡日本，康熙四年（公元1665年），日本水户藩大名德川光圀欲兴庠序之教，礼聘朱舜水为国师，请他前往江户讲学。朱舜水听说德川"好贤嗜学"，便答应了。到了江户，德川光圀亲执弟子礼，待朱舜水以宾师，礼遇非常。

朱舜水的教育观，主张实践，排斥空洞的玄谈，以学问当有实用为标准。而实用，则要既有益于自己的身心，又有益于他人与社会。朱舜水善于巧思，熟习工艺。日本初建学宫时，他曾绘制图纸，作《学宫图说》。德川令人先按图制作模型，做成的学宫模型与实际大小比例基本上是30∶1，结构精致，栋梁齐备。学宫的结构等原理，工匠们不懂之处皆由朱舜水指点教授。一年之后，教授方毕。

朱舜水教授工匠们桥梁建筑，在桥梁结构、样式等知识方面令工匠自愧不如。他还制图做一些礼器，并率领学生学习儒礼，向学生讲明礼节。

德川时代，儒学已渐渐被日本本土咀嚼消化，并出现了学派林立的空前繁荣的景象。水户学派便是其中主要学派之一，它是在德川光圀、德川齐昭等大名的领导和推崇，在以朱舜水为主的儒家思想影响下形成的。

朱舜水给日本带来了物质与精神方面的双重益处。他从人格、学问以至感情，都给日本国人以莫大的感化。日本全体国民在德川时代能够受到儒家思想教化，朱舜水首当其功。因此，日本人对朱舜水"如七十子服孔子"一般，万分崇敬。

1867年，德川幕府时代结束，德川齐昭的儿子德川庆喜还政于天皇，日本开始明治维新，仍以《大日本史》中专门标榜的"尊王一统"之义为指导，而此书作者则是当年亲执弟子礼、拜朱舜水为师的德川光圀。

明治维新废藩置县，日本由封建社会转型为资本主义社会。这次转型既无长期时间准备，也无革命、战争的阵痛牺牲，一朝完成，被视为世界史上的奇迹。日本人认为，其根本原因在于德川时期植根日本国民内心的儒家精神与教育。明治维新之后，天皇仍高举儒教旗帜，推行儒家教育，使日本政刑统一，经济迅速崛起。

三、暴躁的美国大亨与他的中国仆人

最早受到儒家文化影响的西方国家是意大利，而在意大利传播儒学的功臣是意大利耶稣会传教士利玛窦。儒家文化的到来，与西方国家的宗教、文化发生了碰撞与冲突，这些冲突让西方人对儒家文化有了更多了解。

西方各国传教士、文学家、哲学家、思想家们对以儒学为主的汉学进行研究，在大学里开设汉学讲席，设立汉学研究院所，成立汉学教研机构。像《三字经》《千字文》这样的蒙学教材，早在18世纪就被俄国沙皇政府翻译出版，历经几百年，已列入大学汉语专业课程，并广泛传播、渗透于俄罗斯社会。

自鸦片战争以来，中国屡遭西方资本主义国家的欺辱和掠夺，但西方列强仍不得不就中国文明而为之惊叹。签订《望厦条约》的美国外交代表顾盛说："要否认中国具有高度文明是不可能的。虽然这种文明在许多方面和我们的不一样。"美国当时虽是新兴的资本主义国家，但儒家文化在美国并未止步于官方研究，而是影响到美国民众的个人生活。

卡朋蒂埃是名美国律师，1849年在加州淘金大流中淘得第一桶金后，不断发展，最终成为19世纪美国十足的大亨级人物。他生性狡猾，为了获取金钱权势不择手段。他曾经竞选奥克兰市市长，最后得到的选票竟比该市的总人口数还多。他的脾气十分暴躁，终生未婚，还给自己起了个绰号叫"将军"。

有一次，卡朋蒂埃喝醉了发酒疯，打跑了所有的仆人，并对他的中国仆人丁龙大发雷霆，当场将其解雇。第二天清晨酒醒以后，卡朋蒂埃看着空荡荡的房子，十分懊丧。这时，丁龙一如既往地端着盘子给他送来早餐，卡朋蒂埃顿感愧疚不已。他郑重其事地向丁龙道歉，保证要改掉自己的坏脾气。他问丁龙为何没有走？丁龙回答："你的脾气确实很坏，但我认为你毕竟是个好人。根据孔子的教诲，一旦跟随某个人就应该对他尽到责任，所以我也不能突然离开你。"

卡朋蒂埃有感于丁龙的忠诚，就问他想得到什么回报。丁龙的回答出人意料：希望在哥伦比亚大学建立汉学系，让美国人能更多地了解中国。

1901年6月，卡朋蒂埃向母校哥伦比亚大学捐了10万美元，并致信校长塞斯·洛："我以诚悦之心献给您筹建一座中国语言、文学、宗教和法律的院系，并请您以'丁龙汉学讲座教授'为之命名。这个捐赠是无条件的，唯一的条件是不必提及我的名字，但是我要保持今后追加赠款的权力。"

丁龙也捐赠了自己的积蓄，他在纸条上写道："先生，我在此寄上12000美元的支票，作为贵校汉学研究的资助——丁龙，一个中国人。"

在卡朋蒂埃和丁龙的努力下，哥伦比亚大学东亚系于当年成立，并设立了"丁龙汉学讲座教授"。当塞斯·洛对于以中国仆佣的名字来命名一个教席而犹豫的时候，卡朋蒂埃直截了当地回信："丁龙的身份没有任何问题。他不是一个神话，而是真人真事。而且我可以这样说，在我有幸遇到的出身寒微但却生性高贵的绅士中，如果真有那种天性善良、从不伤害别人的人，他就是一个。"

不久，丁龙的朋友，卡朋蒂埃的另一位中国仆人马·吉姆，向哥大捐了1000美元。清政府听到丁龙的事迹后，慈禧太后捐赠了包括《钦定古今图书集成》在内的5000余册图书，价值约合7000美元。李鸿章和清政府驻美使臣伍廷芳等人都有捐赠。

1905年6月，丁龙离开纽约，次年回到中国，自此生平线索也中断了。卡朋蒂埃为了纪念这位忠诚的朋友，在自己的乡间别墅修了一条小道，命名为"丁龙路"。

卡朋蒂埃如是评价丁龙：

"虽然他是个异教徒，但却是一个正直、温和、谨慎、勇敢和友善的人。"

"一个与生俱来的孔子追随者，一个行动上的清教徒，一个信仰上的佛教徒，一个性格上的基督教徒。"

哥伦比亚大学副校长保罗·安德尔则说：

"Dean Lung不是一个学者，不是一个将军，不是一个重要的人物，他仅仅是众多美国第一代华人移民中的一个。他捐出来的是钱，但更重要的是贡献了他的视野和理想。我们这个机构存在的意义就是要在当今这个充满冲突与对抗的世界里，建立一种属于我们自己的理解和对话的方式。所以我们需要重新认识并嘉奖这样一种视野，同时重新认识并嘉奖这样的个人，肯定他的贡献，让世人知道并记住Dean Lung的名字。"

丁龙在卡朋蒂埃身边十年，一直以仆人的角色出现。但他持有的儒家教育观念、谨记心中的孔子教诲，却能与不同地位、文化观念、宗教信仰者和谐相处，影响到美国人的社会、教育和个人生活，用行动感化了这位粗暴的美国大亨。

四、"四海之内皆兄弟"
——孔子学院遍地开花

截至2011年10月，全世界共有303所孔子学院，遍布在亚、非、欧、美、大洋洲93个国家，一派欣欣向荣的景象。我们相信，儒家文化将会与世界各国文化"和而不同"、和谐共荣，儒家教育也将会继续对人类产生更大的影响。

小专题 33

教育之声
——孔子学院

孔子学院,并非一般意义上的大学,而是一个非营利性的社会公益机构,一般都下设在国外的大学和研究院等教育机构中。孔子学院最重要的工作就是给世界各地的汉语学习者提供规范、权威的现代汉语教材,提供最正规、最主要的汉语教学渠道。孔子学院总部设在北京,2007年4月9日挂牌。境外的孔子学院都是其分支机构,主要采用中外合作的形式开办。孔子是中国传统文化的代表人物,选择孔子作为汉语教学品牌是中国传统文化复兴的标志。

结　语

知我者《春秋》，罪我者《春秋》

孔子曰："知我者其惟《春秋》乎！罪我者其惟《春秋》乎！"

孔子一生述而不作，独晚年作《春秋》，寓褒贬于其中。两千多年来，儒家历经风雨，从被笑为迂远到遭遇焚坑，从受为独尊到冷落清净，从复兴崇礼到致其实用，再到近现代我们对儒家的全盘否定和"批林批孔"。儒家既有过辉煌，亦有过坎坷，这一切皆不出"知"与"罪"二字之外。《春秋》大义，二字已明，夫子面对岁月荣辱的变迁，如此淡定。反视国人两千年来对儒家之态度，不免生夏虫之笑，实乃折腾。2002年11月30日，年逾九旬的国学大师张岱年先生则在中国人民大学孔子研究院成立庆典上宣称："尊孔的时代过去了，批孔的时代也过去了，今天是科学研究孔子的时代。"

儒家教育是儒家思想在教育领域从理论到实践的体现，是一种以教化理念为内涵的教育，而非单纯技术性、专业工具性的教育。这种教化，既注重自身修养，又注重立他人于世，"独善其身，兼济天下"，为人类生存不可缺。孔子寓微言大义于《春秋》之中，想必于讲学施教之日起已有远见卓识：儒家教育定然有益于世，万古流芳。

小专题 34

成语典故
——春秋笔法

"春秋笔法"出自《史记·孔子世家》："孔子在位听讼,文辞有可与人共者,弗独有也。至于为春秋,笔则笔,削则削,子夏之徒不能赞一辞。弟子受春秋,孔子曰:'后世知丘者以春秋,而罪丘者亦以春秋。'"孔子在司寇职位上审理诉讼案件时,判词若有可以和别人相同处,就不独自决断。至于撰作《春秋》,则该写的就写,该删的就删,即使是子夏之流的高足弟子也不能改动一字一句。弟子们听受《春秋》时,孔子说:"后代了解我是凭这部《春秋》,怪罪我也是凭这部《春秋》。"后以"春秋笔法"比喻曲折而意含褒贬的文字或寓含褒贬而不直接表明自己态度的曲折文笔。

后记

《修己立人：儒家与教育》一书从选题、写作、完成到如今付梓，不觉已过了七个春秋。本书能进入"儒家文化之当代解读系列丛书"，若无恩师、同门以及为丛书出版多有付出的陈斌编辑和其他编辑同志的支持与帮助，仅凭一己之力万不能实现，作者在此表示真诚的感恩与谢意！当初为拙著出版往来惶惶，实因傲气未消，私意难除，自以为己言当有益于世，非梓行不可。然回想七年来己之人生，波澜曲折，多有舛迕，故拙见亦难多有益，反是今能得读者批评指正之机以自省，实为万幸。余现身兼学校教育与家庭教育双重身份，值孔圣诞辰又见恩师诲语，无不受到莫大激励，感慨之中冥思良久，似有所悟：凡事若无生命实在之体贴，绝毋妄图真有所得。鄙者诸多词不达意，更不敢狂生济世之念，若能得儒家修己立人之教而终身遵行之，亦已足矣。

作者

2018年2月4日